Quote-doku

by
Henry Hook

D1515826

PUZZLE
WRIGHT
PRESS

An imprint of Sterling
Publishing Co., Inc.
www.puzzlewright.com

Puzzlewright Press and the distinctive Puzzlewright Press logo
are registered trademarks of Sterling Publishing Co., Inc.

2 4 6 8 10 9 7 5 3 1

Published by Sterling Publishing Co., Inc.
387 Park Avenue South, New York, NY 10016
© 2011 by Henry Hook
Distributed in Canada by Sterling Publishing
c/o Canadian Manda Group, 165 Dufferin Street
Toronto, Ontario, Canada M6K 3H6
Distributed in the United Kingdom by GMC Distribution Services
Castle Place, 166 High Street, Lewes, East Sussex, England BN7 1XU
Distributed in Australia by Capricorn Link (Australia) Pty. Ltd.
P.O. Box 704, Windsor, NSW 2756, Australia

Printed in Canada
All rights reserved

Sterling ISBN 978-1-4027-7720-2

For information about custom editions, special sales, premium and
corporate purchases, please contact Sterling Special Sales
Department at 800-805-5489 or specialsales@sterlingpublishing.com.

CONTENTS

INTRODUCTION

Solve the sudoku puzzle in the normal manner, ignoring the letters as you go along. Then, for each digit 1 through 9, find all the letters that share a square with that digit and arrange them to spell the word that belongs in the corresponding blank in the quote. Note that, in many cases, you will have to combine the letters from two or three digits—this will occur when a word has more than nine letters or when the quote has fewer than nine missing words. When combining the letters from more than one digit, the letters from the first digit all come before the letters from the second, which all come before the letters from the third.

—Henry Hook

1

7	N	K	P	5	I	U	9	A
U	L	H	S	2	S		A	4
E	5	8	N	6	9	R	3	B
5	8	N		E		N	S	R
L	I	6	T	T		2	A	U
R	D	L	H	T		A	8	7
T	1	V	3	9	A	8	4	B
9	U		S	8	W	S	E	D
F	2	B	D	4	O	C	E	6

(5) _____ (7) _____ can give you a very (4+6) _____ (2+8) _____, but they (1) _____ (3) _____ your (9) _____.

—Sting

2

		2	F	1	5	7	D	E
	S	O	P	F	T	G	1	B
N	S	6	2	7	N	N	R	5
E	U	8	7	F	F		A	6
7	1	E				N	8	4
6	R	E		I	9	1	T	A
2	F	O	H	3	4	9	L	D
C	8	I			M	I	E	E
O	R	3	1	9		5	O	E

In a society in which it is a (7) _____ (4) _____ to be (6+3) _____ from your (8+2) _____, your only (9) _____ is never to let them (1) _____ (5) _____.

—Robert Heinlein

3

U	1	Y	5		P	L		7
S	L		H	R	8	2	6	
3	E	9	O	C	I	5	D	
O	M	T	8	6	S	D	E	9
8	N	U	O	2	L	I	S	6
9	W	M	S	5	1	S	E	O
	S	3	K	Y	B	8	C	4
	7	4	1	N	O	E	O	C
2			E	E	6	A	3	E

I know (8) _____ (1) _____ in (9+3) _____ who hasn't (5) _____ (4) _____ by (7) _____, and that is (2) _____ (6) _____.

—Eddie Cantor

4

	E	4	P	7	L	R	9	
7		2	O	M	E	1	E	
S		E	8	Y	D	R	6	G
U	S	P	5		7	S	3	1
G	5	T				E	4	L
9	6	U	4	T	8	A	A	C
O	4		T	N	3		I	
	N	5	A	P	H	3	O	6
	7		H	2	N	8	O	O

The day we (5) _____ (4) _____ is a (2) _____ (6) _____, for sure. All I (7) _____ (9) _____ is, "(1) _____ (3) _____, (8) _____."

—Marlee Matlin

5

F		G	W	W	5	D	9	
E		1	O	Y	E	8	A	6
	3	9	4	G	D	G	1	5
I	1	2	5		E	L	O	U
9	N	D	E	2	S	S	R	7
M	I	R			9	1	5	G
8	2	W	E	S	6	9	7	R
3	D	7	O	K	O	4	N	I
O	9	E	8	V	A	E		T

(8) _____ (2) _____ (5) _____ will (7) _____ (9) _____ a (4) _____ (6) _____. A (3) _____ (1) _____, too.

—Garfield

6

J	8		4	L	5		1	I
	T	A	I	1	D	D	3	9
1	Y	L	O	2	A	4		M
	1	A	6	S	P	A	G	4
7	E	9	E		F	3	E	1
4	R	N	U	W	9	G	5	
L	Y	5	C	3	N	S	L	6
3	7	U	H	6	W	E		I
T	2	U	9		1	L	4	O

The man who says he is (7) _____ to (5) _____ you (2+4) _____ is (1+9) _____ a (3) _____ (6) _____ of (8) _____.

—Laurence J. Peter

7

E	8		7	W	O	X	E	5
1			T	3	K	2	4	P
	6		T	9	T	3	1	S
					2	E		
9	7					L	6	4
		R	4					
A	2	6	D	4	N		7	
S	3	5	T	7	T		T	6
7	E		E	N	6		3	

I (1+5) ____ (2+9) ____. For me the (3+6) ____ (4+7) ____ is "(8) ____."

—Robin Williams

8

T	W	8	G	T	C	6	D	I
R	U	E	A	2	N	3	9	Y
A	I	I	9	6	F	L	7	P
L	8	9	6	T	G	A	5	E
B	M	N	7	K	8	E	R	C
M	2	I	E	I	3	9	6	P
Y	9	D	I	7	4	F	N	
I	5	7	L	3	N	B		S
	R	3	L	L	A	5	N	O

(3) _____ a (7) _____ is a (4) _____ (1) _____ (9) _____, since it consists (5+8) _____ in (2) _____ with (6) _____.

—Joseph Conrad

9

B	4	8		7	5	M		E
1	E	V	R	C	E	4	I	S
P	5	E	6	E	U	E		C
9	E	1	A	3	A	C	4	
D	7	A	2		9		6	D
N	3			1	L	8	L	9
R	L	E	E	B	3	I	2	
A		9		E		E	L	1
B	S	A	7	8	A	9	3	M

It's (8) _____ the (4+5) _____ (3) _____ (2+1) _____ to (6) _____ it, you have to (9) _____ (7) _____.

—George Carlin

10

9	P	A	5			1	A	M
N	7	4			R	2	P	R
C	1	2				N	3	I
7	S	R	T	1	3			
C	F	5	R	O	T	8		
T	I	E	8	5	T			4
H	2		E	A	O	9	4	O
T		7	E	S	O	5	1	H
R		1	I	U	6			3

(3+5) _____ is (6+2+9) _____; it is a (7+1) _____ of (8+4) _____.

—Coco Chanel

11

	O	I	F	G	1	O	2	N
N	9		G	3	R	1	I	8
R		L	4	2	L	N	B	3
E	T	G	D			7	4	6
E	5	E	2		4	T	3	N
9	4	3		O		O	H	I
4	G	Y	E	8	3			Y
3	N	5	I	6	U		7	
D	2	I	7	N	N	L	Y	T

(1) _____ isn't (3) _____, but it's (6+8) _____ the (9+5) _____ of "(4) _____ (7) _____ (2) _____."

—Dana Gould

12

1	I	O	Y	W	E	G	2	
T	I	W	9	7	W		4	
A	N	2	E	H	H	3	9	
8	P	L	N	B	7	S	O	2
		7	1		9	8	E	T
2	Y	T	6	A		E	E	9
	8	3	L	T	A	7	O	N
C	2		A	1	8	R	R	R
M	4	N	A	G	M	O	A	5

If a man really wanted to get (8) _____ with (5) _____ on his (6) _____, he'd (4) _____ his other (9) _____'s (7) _____ in his (1) _____ as "(2) _____ (3) _____."

—John Mayer

13

I		4	O	O	5	M	H	7
7	L	O	A	1	U	6	T	O
	5	A	A	6	E	2	A	A
S	D	P	5	C	2	7	A	9
3	O	L		4		M	O	2
2	S	5	7	N	1	A	T	B
M	R	9	O	7	I	R	4	E
A	K	8	S	2	E	S	V	3
1	O	S	8	E	L	9	M	

I especially (7) _____ (5) _____ and (8) _____. I always remind people that there's plenty of (2) _____ for all (4) _____'s (3) _____—right next to the (1) _____ (6+9) _____.

—Sarah Palin

14

N	3	8	7	C		R	I	Y
D	6	4	K	5	8	S	O	R
5	S	B		H	2	L	O	8
I	U	6	H	A	1	3		C
4	2	S	T		A	M	5	1
S	E	3	4	F	E	7		I
9	U	T	8		S	R	O	7
W	R	T	2	1	N	6	9	F
L	C	F	U		3	2	8	O

A (9+4) _____ person is one who can (6) _____ a (8) _____ (7+2) _____ with the (1) _____ that (5) _____ (3) _____ at him.

—David Brinkley

15

2	R	3	L	6	C	8	Y	R
5		S	O	I	7	M	M	H
7		A	9	A	E	5	I	A
8	L	Y	A	9		1	I	L
A	R	9	3		1	6	C	G
E		5		8		W	R	3
W	P	2	E	Z	9	N	D	6
G	A	C	6	Y	O	D	A	9
A	K	8	E	2	V	7	A	4

(4) _____'s (1) _____ been a (8) _____ (5) _____ to be (7) _____.
It just used to be (2) _____ to (6) _____ a (3) _____ that
(9) _____.

—Charles P. Pierce

16

	3	2	U		6	O	4	
	T	C	I	3	1	S	7	
		1	A	8	A		3	9
Y	2	7				5	C	B
4	E	K			A	D	S	1
J	G	5				3	2	D
1	8			9	A	4		E
	7		1	2	K			S
	4	D	8		S	9	1	

I (1) _____ (4) _____ to the (3) _____ when the (6+7) _____ (2) _____ was (9) _____ (5+8) _____.

—Joe Franklin

17

D	N	3	8	I	O	N	T	1
8	W	A	9	2	D	7	D	S
7	O	N	Y	3	Y	8	D	
2	1	I				N	S	8
E	O	7	D		T	3	S	P
4	D	T	E		H	P	6	2
		4	G	1	S	I	D	3
	T	8	I	6	2	R	A	4
1		T	I	E	8	6	E	N

(4) _____ (1) _____ from now you will be more (9+5) _____ by the (7) _____ you (2) _____ (8) _____ than by the (6) _____ you (3) _____ (8) _____.

—Mark Twain

18

1	T	E	8		R	L		4
8	E	I	S	R		1	2	B
A	2	4	7	E	S		6	T
E	3	Y		6		2	N	D
B	1	A	9		5	E	3	H
Z	S	8		3		B	9	L
P	4	V	L		6	7	5	E
T	5	7				O	S	2
6	N	F			7	O	O	3

My (2+8) _____ did not (1) _____ me. They (4+7) _____ my (5) _____ (6) _____ with my (9) _____ (3) _____ in them.

—Woody Allen

19

E	1	S	Y	2	B	9		6
T	R	9	N	I	E	B	2	
6	R	E	E	N	5	K	1	8
3	O		9	4	E	F	E	S
4	N	A	3	I	7	N		9
E	A	E	G	1	8	G	R	3
2	5	O	6		U	E	I	1
	8		V	E	T	4		U
9		6	T	7	H	E	3	L

(6+7) _____ (5) _____ that if it (9) _____ (3) _____, it doesn't have (2) _____ (1+4) _____ (8) _____.

—Scott Adams

20

7	4	T	5		N	A	E	G
1	3	C				2	5	9
C		R	1	9	E	F	N	E
W	R	T	X	4	I	9	L	E
W	S	7	6		3	8	P	V
S	A	3	I	7	C	H	O	M
S	S	E	U	5	9	R	H	E
3	2	4		N		I	9	5
E	A	R	D	E	4	T	6	3

I love (5+6) _____. I (1) _____ a lot of (2+3) _____ (4+7) _____ I can't (9) _____ to (8) _____.

—Henny Youngman

21

	E	4	1	9	E	2	5	D
	9	D	4	2	7			O
	A	S	O	R	5		E	W
K	L	6	Y	7	E	1	Z	G
	3	8	5	R	1	9	6	R
D	I	2	E	3	I	5		W
M		V	7	S	S		E	A
N		E	8	1	3	E	2	N
T	1	3	S	5	2	8		

I've always wanted to (3) _____ to (4+5) _____ to (6) _____ what the (2) _____ (1) _____ with those (7) _____ (8) _____ (9) _____.

—Billy Connolly

22

		2	P	9	8	4	3	N
W	7	3	5	N	O	H		
	8		T	R	1		9	
T	I	A	8	G		7	W	9
W	6	T	A			T	4	P
3	B	7			9	R	U	I
	5		2	T	A	N	7	
	A		U		7	6	8	O
I	3	8	9	6		1		

If you (9) _____ the (5+4+2) _____, you (3) _____ (1) _____ (6) _____ (8) _____ the (7) _____.

—Dolly Parton

23

2	K	T	4	5	B	O		H
7	M	6	C	2	R	L	O	1
T	T	P	6	V	3	2	4	D
W	L	W	M		L	4	I	3
L	L	E	5		7	A	C	Y
8	M	9	D	O		R	S	R
O	8	5	9	A	4	O	E	P
9	E	E	O	1	I	6	E	4
R		I	H	3	8	G	E	5

I have yet to see any (1) _____, (7) _____ (2+8) _____, which, when you (3) _____ at it in the (9) _____ (6) _____, did not become (5) _____ (4) _____ (2+8) _____.

—Paul Anderson

24

1	4		7	6	C	2	K	
9		E	E	4	R	6		3
	E		5	L	S		T	
6	9	W	1	E	2	D	H	M
7	W	W	T	O	U	K	M	8
E	Y	F	6	I	7	L	2	5
	A		V	F	5	I		N
8		6	S	3	E		N	2
N		9	O	7	6		8	1

(8) _____ (2) _____ (6) _____ (5) _____ how to (9) _____ (1) _____. Fortunately, I've always (4) _____ the (7) _____ to (3) _____ them.

—Mae West

25

2	E	V	H	4	N		L	
O	O	5	E		8	2	N	9
	7		L		K	E	1	T
8	L		1	O	3	G	6	7
T	D		I		S		B	I
1	2	Y	9	K	5	E	C	8
N	9	P	T	N	E		4	
3	R	7	2	S		1	I	S
I		O		9	I	E	C	6

A (2+4) _____ is one of the (6) _____ (8) _____ of (1+3) _____ we have that people are (5) _____ (7+9) _____.

—Jerry Seinfeld

26

M	1		G	9	4	O		S
E	9	5	E	N	6	R	R	
	W	7	N	1	M	G	F	4
R	G	6	T	O	I	I	4	1
N	8	G	S	M	B	I	6	O
7	2	T	P		A	3	O	N
2	A	N	T	6	I	8	S	K
A	T	O	9	E	C	4	5	R
R		N	7	3	T	O	9	F

The (7) _____ is a wonderful (9) _____. It (1) _____ (3) _____ the (8) _____ you (4) _____ up in the (5) _____ and doesn't (6) _____ until you (4) _____ into the (2) _____.

—Robert Frost

27

S	8	R	D	7	M	5	W	1
	9	O	1	I	T	T	E	I
Q	U	1		F	5	U	U	I
E		K	7	H		4	O	6
F	L	6	9	U	8	1		
2		8	I	A	4	G	O	E
V	R	O	4	L	M	7	A	
N	E	S	T	M	6	I	1	C
3	K	5	T	9	U	E	6	G

If I (3) _____ (4) _____ (5) _____ how to (1) _____ a (7) _____ (2) _____ (9) _____ the (6) _____ (8) _____, I'd do it.

—Joel Silver

28

2	F	L	3	Y		7	T	6
R		4	C	7	I	A	S	T
E	M	U	E	F	5		2	O
C	I	R	E	9		4	1	B
	R	6	5	O	2	9	L	
I	9	2	E	4	M	G	R	H
M	3	A	7	L	R	L	O	R
	K	E	P	1	T	5		L
8	I	1	D	C	9	O	T	3

My theory on housework is, if the (7) _____ doesn't (8) _____, (9) _____, (5) _____ (1) _____, or (2) _____ the (6+3) _____ (4) _____, let it be.

—Erma Bombeck

29

	M	V	M	I	R	E	7	3
N	2			7	8	5	6	R
R	V	I	9	E	E	H	8	E
T	1	7			4		D	
E	E	4	7	Y	3	2	R	T
	I		6	N	C	1	4	A
N	7	E	E	A	6	N	A	
F	5	2	8	9	A	I	1	U
1	4	Y	C		F	E		Y

In (1) _____ (7) _____ of (4) _____ (2+6) _____, (3+5+9) _____ is the (8) _____.

—Elie Wiesel

30

	C	5		7	1	4	3	N
E	P	L	E	H	O	O	1	B
I	L	U	8	S	5	6	O	I
	2	I	4	S			Y	O
S	9	4	E	1	C	3	8	O
P	D	Y	H	R	3	T	6	H
A	D	7	6	N	4	P	A	E
R	4	T		E	T	C	S	R
T	1	6	3	8	C	9	G	S

The (3+8) _____ is now a (6) _____ between a (1+9) _____ (2) _____ and a (4) _____ (7) _____ (5) _____.

—Saul Bellow

31

E	R	D	4	R	5	L		S
S		9	7	O	T	4	G	3
T	8	6	L	A		1	E	E
	7	E	2	M	F	S	5	T
W	6	5	P	C	P	9	1	
D	1	R	M	Y	7	S	8	L
T	A	1	R	E	E	2	9	E
8		2	U	A	4	7	U	I
I	E	E	1		2		A	P

(2+5) _____ are (6) _____ that (8) _____ are (4+7) _____ to and (3) _____ by at the (9) _____ (1) _____.

—Scott Turow

32

	2	E	G	I	9	5	U	7
6	9	Z	5	H	B	D	L	T
I	S	8	S	1	A	H	C	A
2	N	Q	4	W	M	G	B	1
S	I	5	6	Z	7	2	L	S
7	C	E	F		2	U	L	9
D	U	O	I	6	Z	3	E	E
D		H	A	T	1	J	9	6
8	N	2	9	T	I	I	7	

The (7) _____ in (9) _____ (5) _____ can be (3) _____, but I would recommend it only if you have already proven yourself (6+1) _____ to be a (8) _____ (2) _____ (4) _____.

—Dennis Miller

33

	U	G	6		2	R		7
O	G		T	S	S	A	2	3
2	M	A	L	4	1	N	E	N
	9	6	2	R	A	U	3	5
I		U	N	N		R	L	
3	1	O	E	E	5	4	6	U
E	S	E	8	3	A	H	B	6
8	7	L	T	I		F	M	W
9	O		5	D	7	G	F	

(5) _____ (1+6) _____: To me, those have always been the two most (7+3) _____ (2) _____ in the (9) _____ (4+8) _____.

—Henry James

34

T	I	3	T		R	P	P	
A	1	6	L	L	2	P	S	4
	9	Y	1	7	U	K	Y	P
S	5	T	6	O	E	4		1
9	M	T	8	O	3	T	D	2
2		1		I	4	N	3	
G	E		U	9	1	E	2	A
1	D	O	3	I	I	6	8	I
T	E	V	E	R		1	E	

(3) _____ is like a (6) _____. (8) _____ too much at a (4) _____ and it makes you (2) _____. You lose (4) _____, (5) _____, and (1+9+7) _____.

—Thomas Edison

35

2	Y	1	G	H	C	P		A
	5	S	4	S	1	N	9	3
E		U		L			7	T
	2	3	9	I		A	4	U
S	I	6	C	T	T	8		W
T	4		H		6	5	2	M
	7	N	L	S		R	T	O
9	6		7		4	R	5	
T	A	H	I	U	R	9		7

If you (6) _____ a (4+5) _____, then (7) _____ (1) _____ (2+3) _____ (9) _____ (8) _____.

—Kenny Chesney

36

	T	1	T	6	U	R	F	D
6	8	S	7	T	E	1	O	9
		L	A	E	2	A	6	E
C	2	N			9	8	A	P
7	6	S		5		K	9	4
	A	8	4			T	5	U
L	7	R	3	D	S	C		O
1	S	6	W	R	7		4	3
H	E	E	S	4	L	7		

What (1+3) _____ the (4+9) _____ from the (5+7) _____ is a (6) _____ of (8) _____ (2) _____.

—Stephen King

37

6	K	M		9	4	A	2	D
Y		E	C	3	I	D		4
4	9	I	E	N	O	6	O	5
U		L	E	S	2		6	S
2	6	B	I	7		A	4	8
C	4		1	G	R	G		E
9	F	4	B		L	O	7	6
7	I	L	N	1	D	R	S	L
	8	N	3	4	N		M	2

Far too many (1) _____ (4+5) _____ on the (8) _____ (3) _____ of a (2+6) _____, a (9) _____, and an (7) _____.

—Philip Larkin

38

E	2	L	5	7	L	C	P	8
L	A	7		T	H	T	4	I
	5	H	8	S	1		Y	2
7		F	M	W	E	4	H	
I	6	E	R	8	P	H	7	P
S	M	9	I	P	S	E	L	5
4		T	2	C	8	O	3	L
R	8	O	E	Y	F	9	S	C
6	L	H		1	9	U	2	I

I have a (4) _____ (3+6) _____: (7) _____ what's (9) _____, (9) _____ what's (8) _____, and (1) _____ (2) _____ it (5) _____.

—Alice Roosevelt Longworth

39

V	S	S	X	S		E	A	G
B	1	L	9	7	T	A	5	2
2		L	6		S	U		7
A	4	N	C	2		3	S	
5	3		C	S	T		7	4
	O	6	H	5		A	2	N
9	T	T		R	6	T	I	8
7	6	E	I	3	5	C	4	
S	T		U		S	A	I	E

How come a (3) _____ (5) _____ (1) _____ (7) _____ you $200
when a (4+9+8) _____ (5) _____ (2) _____ (6) _____ you 30¢?

—Peg Bracken

40

	O	6	A	R	I	E	A	G
I	R	N	O	4	8	1	D	
W	N	8	L	1	G	6	5	3
7	S	D		H	5	I	2	O
R	A	N	O		N	E	L	H
M	8	S	9	M			O	6
3	2	7	D	6	O	5	S	G
I		5	4	7	I	E	G	S
R	D	P	E	O	N	9	U	

(3) _____ what a (5+6) _____ (9) _____ it would be if every (2) _____ (4) _____ (8) _____ a little of what he is (7) _____ at (1) _____.

—Quincy Jones

41

T		4	1	R		A	6	H
I	R	S	3	7	H	9		U
2	9	S	P	S	E	U	A	D
4	T		P	M	5		U	3
F	L	2	6	A	8	5	P	C
6	L	P	4	N	C	U	S	1
E	K	E		T	L	O	5	8
A	T	7	R	8	9	C	R	
	4	E	N	D	3	2	S	E

Charlemagne (2+6) _____ his (3) _____ and set out with (5) _____ to (1) _____ and (9) _____ the Saracens but (7) _____ (4) _____ (8) _____.

—Richard Lederer

42

	7	S	O		5	T	H	4
5	E	E	R	I	C	9	Y	
K	V	1	I	3	8	A	S	5
3		U	B	H	4	E	6	S
T	U	T	T		L	U	N	L
O	9		2		F		H	8
7	R	G	6	2		4	O	A
E	N	3	M	E	T	E	E	1
1	S		4	I		C	8	

I honestly (4) _____ it is (8) _____ to be a (7) _____ at (5+9) _____ (1) _____ (6) _____ than a (2) _____ at (5+9) _____ (1) _____ (3) _____.

—George Burns

43

A	8		S	1	N	T	G	T
I	A	4		E	8		C	G
E	9	X	3	4	7	G	U	2
4	S	A	8	M	S	2	6	A
5		M		O	E	G	E	1
F	6	9	E	E	2	N		5
3	A		4	5	9	R	1	H
A	E	N	6		B	9	R	
N	P	V	D	8	B	E	7	G

The (7) _____ knows every (4) _____ is (2) _____ to someone. But the (6+9) _____ still considers (8) _____ (1) _____ to be (5) _____ (3) _____.

—Art Buchwald

44

W	7		1	E	2	O	V	9
9	A	P	E	5	L	6	1	N
	Z	D	4		T	7		O
M		7	I	A			2	
1	N	6	2		7	9	E	8
	2	S	G	E	A	1	A	T
O		3	E	G	6	A	E	
I	1	5		4	G	L	P	7
7		P	5	A	1		6	N

It is a good rule in life never to (2+6) _____. The right sort of (8) _____ do not (5) _____ (2+9) _____, and the wrong sort take a (4) _____ (1+3+7) _____ of them.

—P.G. Wodehouse

45

4	D	W	G		G	R	O	2
	3	1		2	U		E	
	N	S	3	I	9	E	O	5
	L	3	2	E	I	7	4	9
G	U	S	5	K	3	B	C	
9	6	2	L	R	7	3	I	M
8	A	N	6		4	H		W
	L		I	5	S	8	1	
6	O	T		T	L	L	S	7

There are (3) _____ (9) _____ of (5) _____—the (7) _____ that (4+8) _____, and the (1) _____ that (2+6) _____.

—James Thurber

46

R	U	8	3	E	S	D	N	9
W	S	E		N	4	E	2	6
R		6	7	S		E	4	V
5	4		H	H	X	D	1	O
R	D	E	2	I	7	F	E	
N	7	E		A	W		5	8
D	5	S	D	F	3	6	E	R
1	6	F	5	O	R	G		L
2	T	N	P		1	5	U	O

If a girl can't (4) _____ (6+5) _____ (7) _____, she can still have a (9+2) _____ (1) _____ for (3) _____ (8) _____ dollars.

—Ivana Trump

47

6	H	9	K	5	W	4	O	N
5	D	O	6	T	S	H	S	Y
H	2		1	4	P	B	R	S
I	C	7	G	1	I	3		Y
3	S	C	9	F	5	C	O	1
	H	5	R	8	E	2	E	S
S	A	A	O	9	1	O	7	
R	O	A	O	D	4	O	R	3
E	N	4	L	7	E	1	H	8

(2) _____ matters (6+5) _____ more than (1+9) _____, (3) _____ more than (4) _____ (8) _____, and slightly more than (7) _____.

—Roy Blount Jr.

48

1	A	4	2	3	N	H	U	P
U	9		8		O	C	O	O
E	3	K	U	I	S		6	4
4	O	S	H	6	U	A	2	7
T		P	T	C	R	T		H
9	7	O	U	1		N	I	8
3	8	G	C	N	S		7	S
O	L	L	I	B	9	A	4	L
O	J		B	7	8	1	P	9

Having been (5) _____ in (9) _____ (1) _____ is (7) _____ (4) _____ (8) _____ for (2) _____ (3+6) _____.

—Fran Lebowitz

49

S	L	K	7	1		E	5	
C	E	M	L	S	9	N	2	1
A		2	T	I	5	6	C	
	8	E	5	3		L	G	9
F	5	S	U	I	O		3	O
3	L	V	T	2	4	Y	6	E
T	L	4	1	S		9	R	R
9	3	N	4	E	U	F	R	T
	1	T	O	9	6	E		N

A (6) _____ (7+3) _____ and a (6) _____ (9) _____ are (5+1) _____ in (4) _____, but only a (2) _____ (8) _____ either of them.

—P.J. O'Rourke

50

4	5		R			I		1
9	T	3	2	D	Y	4	8	L
G	N	R	O	N	6	P		9
G	9	E	A	6	T	O	I	
U	D	6		P	B	7	E	O
	D	I	B	2		R	4	N
6	P	T	8	L	O	S	D	
	3	2		N	1	9	Y	5
5	E		G	N		O	3	8

If you (4) _____ (9) _____ (1) _____ (7) _____ (8) _____, you're (6) _____ (2) _____ it (3+5) _____.

—Daniel Craig

51

N	1	A	L	7	S	2	W	8
	6	R	L	R	G	A	B	9
O	E	2	D	1	M	4		A
S	M	8	S	G	3	7	2	S
	S	R	H	O	S		I	T
L	5	6	4	I	O	8	V	T
N	U	7	S	4	T	9	E	N
1	T	C	N	E	G	R	5	
5		9	K	8	E	A	1	O

It had been (1+2) _____ to me to find out that (7) _____ were not (3) _____ (6) _____, (4) _____ of (8+9) _____ like (5) _____.

—Eudora Welty

52

2		Y	O	3		9	G	7
L	I	N	8	D	O	U	6	
7		S	D	4	O	8		Y
	1	C	N	O	H	4	S	5
B	U	I	9	S	1	A	I	W
6	H	7		S	G	N	1	
B	W	1		9	O	G	E	2
T	8		R	H	7		C	L
3	U	6	I	5	E	L	R	9

For some reason, a lot of (1+6) _____ (5) _____ (9) _____ are (2) _____ to see how they'd be (7) _____ with (4) _____ (8) _____ and no (3) _____.

—Matt Groening

53

U	F		E	S	8	4	P	3
L	V	N	H	9	U	6		T
3	E	H	C	4		R	7	M
P	2	Y	O	R	4	T	B	O
6	U	7	3	P	9	8	M	1
	N	R	6	N	E	I	9	
N	9	A		3		T	F	2
	T	5	H	6	D	E	I	
7	E	6	5	G	K	E	H	R

(4) _____ occasionally (5) _____ over the (3) _____, but most (2) _____ themselves up and (9) _____ (6) _____ as if (8) _____ (7) _____ (1) _____.

—Sir Winston Churchill

54

A	9	R	E	6	4	R	E	
U	I		2		E	4	F	3
H	D	O	5	Y	E	R	6	I
C	5	8	L	C	R	7	H	
4	S	1	V	D	H	2	E	6
B	R	7	A	W	N	9	4	O
E	6	D	A	O	5		S	W
8	L	9		R	1	C	A	A
	D	N	8	3	E	A	9	W

Just because your (9) _____ (3) _____ (7) _____ (5) _____ the (4) _____ does not mean you are (1) _____ than when it (2) _____ only to the (8) _____ of the (6) _____.

—Edward R. Murrow

55

	8	E	I		E	Y	4	V
3	5	9	O	7	F		P	C
A	2	E	R		9	1		E
P	T	7	2	9	6	C	R	
2		E		D			R	4
O	C	L	7	4	8	6	M	
	N	2	1		O	R	8	G
T	P	N	E	5	S	2	3	1
O	4		D		A	G	7	E

We (2+6) _____ in (7+3) _____. But when we're (5+8) _____, we're (1) _____ to (9) _____ in (4) _____.

—Mario Cuomo

56

5	P		I	S	G	G	6	O
R	N	N		3	9	W	2	I
3	O	T	4		I	I	8	1
A		1	F	8	E	D		G
6	9	W		F	N	G	1	8
	T	L	I	2	P	3	L	T
2	5	L	D	E	8	E	W	4
T	1		7	4	N		A	M
A	6	D	I	N	S	U	N	7

I (4) _____ a (1+6) _____ who has the (2) _____ that comes from (5) _____, (7) _____ (3) _____, and (9) _____ (8) _____ again.

—Joe Klein

57

I	I	2	A	C	E	A	O	R
E		1	2	6	F	O	A	5
6	I	Y	H	E	3	E	9	2
2	M	R		5		O	4	9
O	S	4	G	C	L	1	N	N
3	5	M		4		A	Y	8
7	4	G	1	Z	I	O	E	6
5	E	T	H	2	6	4	N	N
T	B	T	J	S	E	9	N	C

Why would anybody (6) _____ in (3) _____? It's (8) _____ (4) _____, and I have a (7) _____ in (1+9) _____ that I haven't been (2) _____ to (5) _____.

—Oprah Winfrey

58

O	H	3	T	2	P	I	R	5
T	L	S	5	N	3	S		S
8	2	N	P	L	1	C	W	E
3	H	T	U	I	L	1	9	E
E	1	Y	3	A	8	L	5	S
	5	9	O	R	T	A	G	7
O	I	D	9	R		A	4	2
G	D	E	8	C	7	L	G	R
7	I	A	S	1	E	5	V	S

(3+8) _____ is the (4) _____ way of (2+5) _____ (1) _____, (9+7) _____ if the (1) _____ are (6) _____.

—Sinclair Lewis

59

	6		P	Y	9	E	2	E
O	L	2	D	8	O		R	
5	A	T	O	7		O	1	4
P	L	U		2	D	9	8	
7		R		B	P	R	C	3
E	8	3	A	6	A	C	E	U
6	3	U	M	4			I	2
M	E	C	Q	1	T	7	W	T
E	5		7			O	4	E

(1+5) _____, I have always thought, may be aptly (2+4) _____ to a (6+8) _____—the more you (3) _____ her, the more apt she is to (7) _____ your (9) _____.

—John Tyler

60

9			5		6	S	E	1
	7	B		R	G		6	
6	R	R	3	L		7	O	
2		9	1	6		T		
8	O	E	G	E	T	Y	C	9
		Y	F	8	4	1		3
		6			9	O		5
I	2	I	R	F	V		1	
1		E	7	U	2	L	N	6

(2+6) _____ is (3+8) _____, but (1+4+7) _____ is (9+5) _____.

—Napoleon Bonaparte

61

4	R		7	B	1	G	D	6
S	H	2	P	T	6	O	1	T
N	K	7	L		N	5		4
9	N	W	J	I	O		7	L
H	Y	4	2		8	1	E	Y
L	7		R	Y		E	S	5
1	G	5	E	O	O	3	U	D
P	4	L	5	O		8		I
7	I		9	I	3	M	O	1

It is (4+8) _____ to (6) _____ (2) _____ (5+9) _____ unless one has (3) _____ of (1) _____ to (7) _____.

—Jerome K. Jerome

62

O	6	3	4	2	H			
O	E	7	3	K	6			
1	I	2	W	I	8			
N	7	5	N	R	A	3	N	4
	3	4	G	O	G	7	8	A
2	E	8	E	L	K	5	6	G
I	E	E	1	E	O	9	N	8
T	M	T	6		4	1	C	O
V	R	W	E	9	2	6	4	A

Sometimes I (4) _____ (1) _____ at (9) _____ and ask "Where have I (2) _____ (5) _____?" Then a (7) _____ says to me, "This is going to (3) _____ (8) _____ than (6) _____ (9) _____."

—Charlie Brown

63

2	M	Y	1	O	P	V	O	6
E	3		T	2	9	L	E	I
C	R	8	D	7	3	I	I	1
O	6	C	3	D	P	1	S	7
L	8	T	Y	L	A	N	6	N
1	I	5	E	E	6	S	4	I
7	T	O	5	3	N	6	Y	
E	X	N	9	6	L	A	7	S
5	A	V	T	A	2	T	O	8

We all have the (4) _____ to become (9+1) _____ (3+6) _____ with a (5+7) _____ that (8) _____ (2) _____.

—Berkeley Breathed

64

	3	E	E	4	N	2	I	M
E	E	4	6	P	3	S	M	7
2	D	6	C	9	O		1	I
T	X	9	8	R	A	T	M	6
S	D	S	R	F	O	F		T
3		U	I		4	7	Y	R
E	1		T	5	E	9	P	2
4	L	D	9	N	6	1	R	R
N	P	3	R	8	I	F	5	A

I have the (7) _____ (2+6) _____ (4) _____ (8) _____ for our government. Why don't they (3) _____ our (9) _____ with a (1) _____ (5) _____ on it?

—Bob Hope

65

3	E	5		A	4	O	7	
	1	4	T	R	2	E	T	8
E	E		I	R		3	N	
5		2	9	T	V			A
O	6	F	N	A	F		3	U
H	D		R	N	8	9	O	2
E	T	1	M	L	O	E		H
8	T		6		R	4	5	I
N	2	N	7		G	6		3

It's (3) _____ (5) _____ that (8) _____ is (2) _____ (4) _____ (1) _____ (7) _____ (9) _____—it's (2) _____ (4) _____ (1) _____ (6) _____ and (6) _____.

—Edna St. Vincent Millay

66

P	N 4	N		H	6	T	V	7
N	D	R	E	T	E	8	S	6
L	O	D	9	7	R	3	T	1
2	6	R	A	B	R	1	Y	T
U		4	1	O	9	6	C	I
W	L	9	O	D	C	E	3	4
5	E	7	O	3	2	O	W	
6	S	8	N	A	E	E	N	C
4	I	L	7	O	H	A	1	A

(8+6) _____ is a (3) _____ (1) _____ they (3) _____ you (7) _____ (5) _____ (2) _____ of (7) _____ (4+9) _____.

—Walter Winchell

67

	R	L	2	O	T	R	6	
V	A	D	E	S	E	8	Y	H
A	4	T		1	6	3	N	2
9		T	4	G		2	E	W
H	3	A	T	A	T	S	7	
R	R	6	L	A	8	D	S	9
6	E	3	5	4	Y	E	9	O
O		8	N		R	O	E	O
	2	T	A	T	3	I	A	

The man who (3) _____ (5) _____ can (9) _____ (4) _____, but he who (1) _____ with (7) _____ must (6) _____ till that (8) _____ is (2) _____.

—Henry David Thoreau

68

	G	8	1	I	4		3	S
R	3	I	R	7	G	K	R	A
N	O	S	S	9	5	L	I	6
E	6	S	M	4	X	I	I	3
N	7	4	N	3	E	1	5	S
3	C		W	5	T	C	7	
9	P	O	4	1	T	E	P	A
E	I	E	E	2		L	1	T
C	1	A	9	E	7	5	G	

(2) _____ the (5) _____ is an (8) _____ roughly akin to (6+4) _____ with a (9) _____. You might enjoy the (7) _____, but the (9) _____ always (1) _____ (3) _____.

—Maureen Dowd

69

R	N	T	5	N	S	6	R	E
6	T	V	Y	2	E	E	7	O
C	3	O		G	8	O	I	9
E	2	3	T	4	I	E	R	6
5	E	C	3	C	2	G		1
4		U	A	8	M	7	2	I
7	A	E	8	O		T	3	S
N	4	I	N	9	T	E	S	7
R	E	9	N	R	1	I	V	N

New Rule: What gets on TV has to be at least as (3+4) _____ as what's on the (1) _____ (6+9) _____ (5) _____ at a (8+2) _____ (7) _____.

—Bill Maher

70

M	4	6	S		L		T	9
5		E	R	2	M	1	4	R
I	E	V	D	O	E	2	6	L
F	8	O	3			I	2	E
	E	D	7	5	8	N	D	D
E	1	A			4	G	8	P
	9	1	F	N	R	D	L	H
E	6	2	E	4	E	E	A	7
3	P	E	A		T	8	9	

I've (3) _____ that (5) _____ will (7) _____ what you (1) _____, (5) _____ will (7) _____ what you (4) _____, but (5) _____ will (9) _____ (7) _____ how you (6) _____ (2) _____ (8) _____.

—Maya Angelou

71

5	L			M	S	I	3	V
O	N	U	4	G	8	O	2	U
2	4	O	T		T	6		7
	3	P	R	8	O	R	O	
9	8	D		3	R		4	6
	E	O	F	6	N	U	5	O
3	L	7	T	D	S	O	1	9
B	2	H	3	C	6	E		O
	5	M		G	O		O	8

A (7) _____ (1) _____ is (9) _____ (8) _____ a (6+2) _____
(4) _____ (3+5) _____.

—Father Fitzgibbon in "Going My Way"

72

2	G		E	E	8	O	U	1
C	N	E		4	5	9	2	3
D	M	E	E	I	G	6	E	
	N	6	E	5	E	3	C	2
T	3		N	P	E	E	1	
8	R	4		9	S	5	I	R
H		2	D	S			I	O
4	1	8	3	6	U	Q	T	S
9	A	C	5	A	M	J	S	6

"(4) _____ (8) _____" is the (5) _____ of (2+3) _____ (7) _____ by (1) _____ (6+9) _____.

—Albert Einstein

73

K		E	E	E	O	G		T
3	2	N	E	A	9	7	1	P
D	A	T		5	N	8	I	6
T	G	S	8	O	C	W	6	2
P	9	8	G	W	S	5	3	S
5	3	R	I	N	7	I	S	
8	S	3		4	N	I	E	A
W	7	9	1	T	R		5	4
L	R	L	R	R	U	A	N	O

I was (1) _____ (9) _____ the (7) _____ (2) _____ (4) _____ when my (5+6) _____ (8) _____ (3) _____.

—Steven Wright

74

P	6	N		O	H	7		E
7		T	N	U		T	R	3
	1	5	8	E	B	Y	2	I
	E	8	7	T	9	R	I	
H	9	3	4		6	8	5	U
E	O	T	5	T	8	4		C
	8	T	C	T	2	9	1	Y
9		A	N		R	G		6
S	F	2	N	N	Q	E	7	E

It's (7) _____ (6) _____ (8+9) _____ (1+2) _____ and (5) _____ (8+9) _____ (3+4) _____.

—wrist-wrestling champ Johnny Walker

75

7	E	O	2	O	T	8	E	T
E	I	M	E	S	8	5	9	E
T	2	P	4	A		U	A	D
	S	3	S	1	7	R	N	9
8	S	E	R	O	R	T	E	5
2	F	C	3	5	R	4		X
O	G	M	C	Y	3	I	1	I
M	8	7	5	E	M	K		T
Y	V	6	R		2	N	S	7

It is curious how much (2) _____ (6) _____ can be (3) _____ by a (1) _____ of (5+8) _____, (9) _____, and (4) _____ than by (7) _____.

—Eleanor Roosevelt

76

	N		W			A	2	M
	3	A	4	5		E	7	
N	O	5	1	V	O			3
	7	2		A			E	5
	4	3	W		S	1	6	
5	O			C		2	4	T
9				R	3	4	L	
H	1	C	P	2	4		9	C
H	5			B		S	E	

(9+1) _____ (5) _____ a (4) _____ (2) _____ (3) _____
(7+8+6) _____.

—Willard Scott

77

W		4	9	G	2	T	3	O
E	C	2	4	O	Y	8	N	S
U	7	I	R	1		U	9	
U	4		2		1	A	I	3
O	K	T	R	9	D	I	N	D
9	G	O	5		3		6	R
N	6	K	O	2	F	E	8	F
	N	7	K	S	5	6		E
N	3		8		4	5	O	C

(5) _____ combines (7) _____ (4) _____ with (1+2) _____
(8) _____ (3) _____ with (6) _____ (9) _____.

—Dave Barry

78

	8	3	H	S		M		T
F	E	M	8	E	S	O	O	6
9	5		E		7	2	E	
	T	2	1	3				L
S	G	S	9	4	8	E	I	R
T		M		7	5	9	E	
N	D	1	7		I	R	5	8
4	P	O	E		1		I	T
	E			R	N	4	6	

(1+9) _____: A (3) _____ (5) _____ (2+6) _____ in (4+7) _____ than in (8) _____.

—Ambrose Bierce

79

S	3	O		O	6	L	7	U
	R	T	O	L	M	2	H	3
I	L	4	C	7	A	8	1	
8		6				L	S	R
M	5	9	3	U	4	6	8	G
S	E	C				5		9
Y	9	7	U	1	W	4	S	E
5	D	1	F		S	A	K	L
	2	T	9	O	I	A	5	

In (6+8) _____, a (1+7) _____ is (2+4) _____ if it (5+3) _____ (9) _____.

—Rita Rudner

80

9	C	4	E	T	L	A	8	7
	O		O	1		O	G	F
H	1	U	L	N	9	G	3	
R	7	E	3	9	C		5	1
T	3		E	F	B	T	9	A
5	9	L	E	6	7	I	4	T
T	5	S	9		I	A	1	O
T		O	R	2		E		L
7	8	L	T	P	K	9	T	5

My (8) _____'s (6) _____ to (4) _____. He has (3) _____ he can (1) _____, but he can't (5) _____ them (7) _____ (9) _____ the (2) _____.

—Brian Kiley

81

6	L	G	C	O		3	5	
T	L		1	A	6	2	7	D
T	O	U	E	8	R	E	6	4
	6	N	S	1		4	E	
E	D	W	7	M	3	E	U	L
N	N	5	D	2	S	P	3	
2	7	E	A	9	O	S	I	W
H	4	8	5	L	7	C	D	R
	9	3	O		U		N	1

To (9) _____ in the (2) _____ it is (7) _____ (1) _____ to be (8) _____, you must (5) _____ be (3) _____-(4+6) _____.

—Voltaire

82

4	3	O	2		R	5	D	F
T		2	9		5	3	6	
O	E		X	7	P	2	O	C
C		6	7	5	G	U		N
O	O	K	I		E	T	B	H
E	L	Y	P	1	3	6		D
		7	L	8		Y		W
R	2	4	5	O	7	8	A	W
S	I	9		L	4	R	3	5

If (4+8) _____ (6) _____ (2) _____, the (1) _____ (9) _____ (5) _____ (7) _____ (3) _____.

—John McCain

83

M	D	A	E	I	9	4	7	3
3		T	R	8	7	B		T
7	H	5	L	E	D	U	E	A
D	7	D	E	N	4	8		5
F	8	G	R	A	E	C	6	Y
6	C	1	2		U	A	9	I
E	E	H	L	R	R	5	M	1
N	L		8	4	N	L	L	2
5	2	4	9		T		N	D

The (9) _____ of a (4) _____ should be (2+7) _____ (3) _____ to the (1+5) _____ of the (8) _____ (6) _____.

—Alfred Hitchcock

84

O	2		O	D	P		O	9
	7	K	5	W	6	2	1	T
9	R			N		6		
	9	A	4	O	F	3	T	
3		E	H	P	Y	N		6
I	O	8	B		7	D	9	E
E		9	A		A	E		7
K	8	7	1	S	4	O	5	
2		O	C	T		R	8	O

The (6+3) _____ tell you (9) _____ to (1) _____ the (5) _____, and the (4) _____ (3) _____ tell you (9) _____ (7) _____ to (2) _____ (8) _____ of it.

—Andy Rooney

85

9		M		A	2	3		5
	I	L	8		A	4	T	
	3			4	1		O	
N		P			F	F	5	7
C	9	2	A			6	3	R
1	6						U	
	L	R	5	6	U		4	D
	T	1	R	E	4			
4	S	6	7	E		M		3

It's the (2+8) _____ you can (7) _____ (3) _____ at (6+9) _____ (4) _____ who (5+1) _____.

—Marlene Dietrich

86

1	S		M	6	B	M	3	
3	V	H		S	2	I	E	9
8	I	N	4	3	N	E	L	
9	3	V	2	I	A	6	T	S
	2	O		G	H	S	1	
R		7	A	N	8	R	5	2
G	E	G	T	8	6	H		4
4			9		R	G	E	7
A	5	I	E	4	E		E	1

(1) _____ (4) _____ a (2) _____ with (7) _____. (4) _____ him with (8+5) _____ (9) _____ and (3+6) _____.

—Anonymous

87

	C	S	D	G		4	1	2
W	6	5		D	E	9	7	3
	O	7	A		S	F		R
5	A	9	N	8	6	A	F	4
R		L	3	U	4	T		A
6	N		5	7	S	1	I	9
	Y	A	O	E	T	6		U
8	9	6	A		I	7	2	N
7	5	4	E		N	I		S

It is (2) _____ (4+6+9) _____ to (1) _____ from (8+3+5) _____ (7) _____.

—Sir Arthur Conan Doyle

88

E	3	L	I	O	7		S	8
U		5	8	S	A	E	9	N
A	7	I	Y	3	D	D	4	2
H	O	E	2	I	M	O		1
7	C	F	1	S	6	E	N	9
1	S		E		4	N	T	U
3	6	M	N	8	E	E	1	M
T	8		S	S	1	9	T	R
2	H	I	4	R			5	E

A (8) _____'s (4) _____ may (7) _____ to be a (2) _____ on the (5) _____; (9) _____, it's (3) _____ (1) _____ (6) _____.

—Clare Boothe Luce

89

N	N	9	5	3	1	T	8	4
I	N	O	L	H	6	R	A	S
T	3	O	R	R	8	E	R	6
E	5	3	N	M		D	P	I
1	A	6		N	E	8	U	9
U	P	E	O		M	5	3	I
8	V	G	4	G	I	T	5	A
I	O	I	2	N	W	I	I	T
6	9	M	8	5	3	2	R	L

It isn't (7) _____ that's (2) _____ the (1+8) _____. It's the (4+5) _____ in our (3) _____ and (9) _____ that are (6) _____ it.

—Dan Quayle

90

	V	2		5	9		O	G
O	I	6	T	3	P	H	U	7
8		4	6		I	D		E
	T	5	E	S	4		2	N
7	A	L		T	C	E	T	6
H	8	E	5	I	G	9	D	L
N		E	L		5	2	F	8
4	N	R	G	2	E	6	G	R
	L	N	9	4		3	A	

I may be a (7) _____ (3) _____, but that (8) _____ (5) _____ (2) _____ when I've (6) _____ to (1) _____ a (4) _____ (9) _____.

—Roy Orbison

91

H		E	A	6	E	T	I	M
W	L	T		7	W	4		3
5	3	E	C	M	1	O	9	H
4		A	2	T	S	7	S	P
I	N	6	N	L		9	R	R
	U	5	M	Y	6	E	I	8
S	8	A	7	G	M	L	6	2
7	I	9		8	I	I	T	A
O	E	I	B	2	T		G	T

Somebody said to me, "But the (3) _____ were (4+5+8) _____." That's a (7) _____ (9) _____. John and I literally used to sit down and say, "Now let's (2) _____ a (1) _____ (6) _____."

—Paul McCartney

92

N	6	M	L	A	7	D	9	E
2	T	A	L	5	9	6	E	
9		I	2		G	P	G	3
I	8	O	E	T	3	5	O	
6	O		M	A	T	I	T	9
T	E	2	6	S	Y	N	3	D
1	O		N	E	5	E	E	4
N	H	7	9	3	S	D		6
O	5	R	1	A	S	G	8	T

(4) _____'s (7) _____ in the (2) _____ (1) _____, because
(4) _____ (8) _____ a (9) _____ a (3) _____ (5) _____ (6) _____.

—Warren Buffett

93

	9	T		A	O	8	4	G
5	N	N	3		C	H	C	
D	7	8	5	R	A	6	R	I
8	T	N		O	5		E	E
7	E	4	U		E	5		1
T			7	F	I	P	T	8
V		2		H	4	7	5	
U	A	E		N	2	O	M	6
	8	7	I	A	U		9	I

This is the first (5) _____ that's (4) _____ (8) _____ (6+2) _____ to the (3) _____, which is a little (1) _____ since we may not (9) _____ (7) _____.

—Arthur C. Clarke

94

1	P	4	3	T	R	7	O	O
K	9	D	U	8	2		G	H
3		U		6	S	E	M	H
N	U	C	E		1		5	B
4	H	M	2	H	6	K	C	9
	6	T	5	I		O	P	N
F	C		R	1		E	B	4
S	T	A	7	2	A	O	3	R
A	E	2		E	8	9		5

The (7) _____ who wants a (8) _____ (9+4) _____ should learn how to keep his (1) _____ (5) _____ and his (3+6) _____ (2) _____.

—Groucho Marx

95

R	2	N	4	A	O	A	3	N
G	1	9		2	A	G	C	L
S	I	Y	H	T	9	5	2	T
	3		W	6	H	S	N	5
N	U	1	H	P	S	7		O
9	W	R		1	P	O	6	O
P	4	8	6	E	G	C	A	
A	E	N		5	E	2	8	R
T	9		I	T	3	O	7	O

(6) _____ who (5) _____ to (9) _____ a (3) _____ should have to (2) _____ (8) _____ an (7+1) _____ (4) _____.

—Bill Engvall

96

8	T	F	W	I	2	3	C	1
3		5	R	T	E	E	2	R
2	9	R	3	C		R	S	
9		R	7			Y	V	3
E	3	B		5		P	8	D
6		O			3	A		4
	C		V	R	4	E	1	6
M	1	I	E	S	I	8	O	2
5	A	3	2		A	E		7

The (7) _____ (8) _____ (6) _____ (9) _____ is a (1) _____-(5) _____ (4+3) _____ with a (2) _____ in it.

—Dudley Moore

97

R	A		8	T	P	P	4	N
	E	5	3	E		2	R	
3	T	H	2	F	N	S	6	E
S	8	9	6	4	G	E	5	S
A	O		M	P			N	O
D	5	D	R	1	7	8	2	
	4	V	R	E	2	P	I	7
E	H	2	O		6	9	O	O
E	3		T	L	5		T	O

(7+4) _____ is (9+3) _____ the (1) _____ you (8) _____ (5) _____ is (2) _____-on-a-(6) _____.

—Bill Cosby

98

9	4	E	E		E	5	E	6
	S		M	7	M	B		J
D	7	Y	2		5	L	E	3
2	6	G	9	5		A	U	N
M	9	L	L	1	S	K	6	S
H	D		A	2	6	U	5	4
5	V		3	N	2	R	8	A
B	T	E	M	8		I	T	O
7	T	6	T	A	S		2	1

I (3) _____ to be a (1) _____ (4) _____. Now I (9) _____ (7) _____ (8) _____ (2) _____. That's how I (5) _____ my (6) _____.

—Steve Allen

99

	5	N	D	4	V	U	L	U
4	Y	6	L	E	W	S	5	W
R	8	O	1		N	T	9	
2	B	D	G	5	7	A	S	C
L	7		3	S	8	T	2	W
K	R	Z	6	2	E		H	3
A	4		R	O	1	R	7	Z
R	3	O	E	P	N	5	O	9
E	D	E	O	7			1	I

(2+4) _____ I (5) _____ (6) _____ the (3) _____ I (9) _____ from (1+7) _____ (8) _____.

—Dean Olsher

1

7	6	2	4	5	3	1	9	8
3	9	1	7	2	8	5	6	4
4	5	8	1	6	9	7	3	2
5	8	9	2	7	6	4	1	3
1	7	6	8	3	4	2	5	9
2	3	4	9	1	5	6	8	7
6	1	7	3	9	2	8	4	5
9	4	5	6	8	7	3	2	1
8	2	3	5	4	1	9	7	6

[Bad reviews] can give you a very unpleasant breakfast, but they shouldn't disturb your lunch.

—Sting

2

8	3	2	4	1	5	7	6	9
5	4	7	9	6	3	8	1	2
1	9	6	2	7	8	4	3	5
3	5	8	7	4	1	2	9	6
7	1	9	6	5	2	3	8	4
6	2	4	3	8	9	1	5	7
2	6	5	8	3	4	9	7	1
9	8	1	5	2	7	6	4	3
4	7	3	1	9	6	5	2	8

In a society in which it is a moral offense to be different from your neighbor, your only escape is never to let them find out.

—Robert Heinlein

3

6	1	2	5	3	4	9	8	7
7	4	5	9	1	8	2	6	3
3	8	9	6	7	2	5	4	1
4	2	1	8	6	7	3	5	9
8	5	7	3	2	9	4	1	6
9	3	6	4	5	1	7	2	8
1	6	3	2	9	5	8	7	4
5	7	4	1	8	3	6	9	2
2	9	8	7	4	6	1	3	5

I know one star in Hollywood who hasn't been spoiled by success, and that is Mickey Mouse.

—Eddie Cantor

4

6	8	4	3	7	1	5	9	2
7	9	2	6	4	5	1	8	3
5	3	1	8	9	2	4	6	7
4	2	8	5	6	7	9	3	1
1	5	7	2	3	9	6	4	8
9	6	3	4	1	8	7	2	5
8	4	6	7	5	3	2	1	9
2	1	5	9	8	4	3	7	6
3	7	9	1	2	6	8	5	4

The day we censor humor is a sad one, for sure. All I gotta say is, "Lighten up, people."

—Marlee Matlin

5

6	7	8	1	3	5	2	9	4
5	4	1	2	9	7	8	3	6
2	3	9	4	6	8	7	1	5
7	1	2	5	4	3	6	8	9
9	8	5	6	2	1	3	4	7
4	6	3	7	8	9	1	5	2
8	2	4	3	5	6	9	7	1
3	5	7	9	1	2	4	6	8
1	9	6	8	7	4	5	2	3

Doing good deeds will give you a warm feeling. A sweater works, too.

—Garfield

6

6	8	3	4	9	5	2	1	7
2	5	4	7	1	6	8	3	9
1	9	7	3	2	8	4	6	5
5	1	2	6	8	3	9	7	4
7	6	9	5	4	2	3	8	1
4	3	8	1	7	9	6	5	2
9	4	5	8	3	7	1	2	6
3	7	1	2	6	4	5	9	8
8	2	6	9	5	1	7	4	3

The man who says he is willing to meet you halfway is usually a poor judge of distance.

—Laurence J. Peter

7

3	8	4	7	2	1	6	9	5
1	5	9	6	3	8	2	4	7
2	6	7	5	9	4	3	1	8
6	4	3	9	8	2	7	5	1
9	7	2	3	1	5	8	6	4
5	1	8	4	6	7	9	2	3
8	2	6	1	4	3	5	7	9
4	3	5	2	7	9	1	8	6
7	9	1	8	5	6	4	3	2

I don't Tweet .... For me the next step is "stalker."

—Robin Williams

8

9	7	8	3	4	5	6	1	2
5	1	6	8	2	7	3	9	4
2	3	4	9	6	1	8	7	5
4	8	9	6	1	2	7	5	3
3	6	5	7	9	8	2	4	1
7	2	1	4	5	3	9	6	8
8	9	2	5	7	4	1	3	6
1	5	7	2	3	6	4	8	9
6	4	3	1	8	9	5	2	7

Being a woman is a terribly difficult task, since it consists principally in dealing with men.

—Joseph Conrad

9

2	4	8	9	7	5	3	1	6
1	9	6	3	2	8	4	5	7
7	5	3	6	4	1	2	9	8
9	6	1	8	3	7	5	4	2
8	7	4	2	5	9	1	6	3
5	3	2	4	1	6	8	7	9
4	8	7	1	9	3	6	2	5
3	2	9	5	6	4	7	8	1
6	1	5	7	8	2	9	3	4

It's called the American Dream because to believe it, you have to be asleep.

—George Carlin

10

9	8	3	5	2	4	1	6	7
5	7	4	3	6	1	2	8	9
6	1	2	7	8	9	4	3	5
7	4	8	9	1	3	6	5	2
2	3	5	6	4	7	8	9	1
1	6	9	8	5	2	3	7	4
3	2	6	1	7	5	9	4	8
4	9	7	2	3	8	5	1	6
8	5	1	4	9	6	7	2	3

Fashion is architecture; it is a matter of proportions.

—Coco Chanel

11

5	3	8	6	9	1	4	2	7
2	9	4	5	3	7	1	6	8
1	6	7	4	2	8	5	9	3
8	1	2	3	5	9	7	4	6
7	5	6	2	1	4	8	3	9
9	4	3	8	7	6	2	1	5
4	7	1	9	8	3	6	5	2
3	8	5	1	6	2	9	7	4
6	2	9	7	4	5	3	8	1

Thirty isn't old, but it's definitely the beginning of "no longer young."

—Dana Gould

12

1	9	4	8	6	3	5	2	7
3	5	8	9	7	2	6	4	1
6	7	2	4	5	1	3	9	8
8	1	9	5	3	7	4	6	2
4	6	7	1	2	9	8	5	3
2	3	5	6	8	4	1	7	9
9	8	3	2	4	5	7	1	6
5	2	6	7	1	8	9	3	4
7	4	1	3	9	6	2	8	5

If a man really wanted to get away with cheating on his woman, he'd store his other girl's name in his phone as "Low Battery."

—John Mayer

13

8	6	4	2	9	5	3	1	7
7	3	2	4	1	8	6	9	5
9	5	1	3	6	7	2	8	4
4	1	6	5	8	2	7	3	9
3	8	7	9	4	6	1	5	2
2	9	5	7	3	1	4	6	8
5	2	9	6	7	3	8	4	1
6	4	8	1	2	9	5	7	3
1	7	3	8	5	4	9	2	6

I especially love moose and caribou. I always remind people ... that there's plenty of room for all Alaska's animals—right next to the mashed potatoes.

—Sarah Palin

14

2	3	8	7	9	4	5	1	6
7	6	4	1	5	8	9	2	3
5	9	1	6	3	2	4	7	8
8	7	6	5	2	1	3	4	9
4	2	9	3	7	6	8	5	1
1	5	3	4	8	9	7	6	2
9	4	2	8	6	5	1	3	7
3	8	5	2	1	7	6	9	4
6	1	7	9	4	3	2	8	5

A successful person is one who can lay a firm foundation with the bricks that others throw at him.

—David Brinkley

15

2	4	3	1	6	5	8	9	7
5	9	1	8	3	7	4	6	2
7	8	6	9	4	2	5	3	1
8	3	7	2	9	6	1	4	5
4	2	9	3	5	1	6	7	8
6	1	5	7	8	4	9	2	3
1	5	2	4	7	9	3	8	6
3	7	4	6	1	8	2	5	9
9	6	8	5	2	3	7	1	4

America's always been a good place to be crazy. It just used to be harder to make a living that way.

—Charles P. Pierce

16

8	3	2	9	7	6	1	4	5
6	9	4	5	3	1	2	7	8
7	5	1	4	8	2	6	3	9
3	2	7	6	1	9	5	8	4
4	6	8	2	5	3	7	9	1
9	1	5	7	4	8	3	2	6
1	8	6	3	9	7	4	5	2
5	7	9	1	2	4	8	6	3
2	4	3	8	6	5	9	1	7

I go back to the days when the Dead Sea was just sick.

—Joe Franklin

17

9	2	3	8	7	6	5	4	1
8	4	1	9	2	5	7	3	6
7	5	6	4	3	1	8	2	9
2	1	9	6	5	3	4	7	8
6	8	7	2	9	4	3	1	5
4	3	5	1	8	7	9	6	2
5	6	4	7	1	9	2	8	3
3	7	8	5	6	2	1	9	4
1	9	2	3	4	8	6	5	7

Twenty years from now you will be more disappointed by the things you didn't do than by the ones you did do.

—Mark Twain

18

1	9	6	8	5	2	3	7	4
8	7	3	6	4	9	1	2	5
5	2	4	7	1	3	9	6	8
9	3	5	1	6	8	2	4	7
4	1	2	9	7	5	8	3	6
7	6	8	2	3	4	5	9	1
2	4	1	3	8	6	7	5	9
3	5	7	4	9	1	6	8	2
6	8	9	5	2	7	4	1	3

My parents did not love me. They bronzed my baby shoes with my feet still in them.

—Woody Allen

19

5	1	4	8	2	3	9	7	6
8	3	9	7	6	1	5	2	4
6	7	2	4	9	5	3	1	8
3	2	8	9	4	6	1	5	7
4	6	1	3	5	7	2	8	9
7	9	5	2	1	8	6	4	3
2	5	3	6	8	4	7	9	1
1	8	7	5	3	9	4	6	2
9	4	6	1	7	2	8	3	5

Engineers believe that if it ain't broke, it doesn't have enough features yet.

—Scott Adams

20

7	4	9	5	3	2	6	1	8
1	3	8	4	6	7	2	5	9
5	6	2	1	9	8	3	7	4
2	1	6	8	4	5	9	3	7
9	5	7	6	2	3	8	4	1
4	8	3	9	7	1	5	2	6
6	7	1	3	5	9	4	8	2
3	2	4	7	8	6	1	9	5
8	9	5	2	1	4	7	6	3

I love Christmas. I receive a lot of wonderful presents I can't wait to exchange.

—Henny Youngman

21

3	7	4	1	9	6	2	5	8
8	9	5	4	2	7	6	3	1
6	2	1	3	8	5	7	9	4
9	5	6	2	7	8	1	4	3
7	3	8	5	4	1	9	6	2
1	4	2	6	3	9	5	8	7
2	8	9	7	6	4	3	1	5
5	6	7	8	1	3	4	2	9
4	1	3	9	5	2	8	7	6

I've always wanted to go to Switzerland to see what the army does with those wee red knives.

—Billy Connolly

22

5	1	2	6	9	8	4	3	7
9	7	3	5	4	2	8	1	6
4	8	6	3	7	1	2	9	5
1	4	5	8	3	6	7	2	9
8	6	9	7	2	5	3	4	1
3	2	7	4	1	9	5	6	8
6	5	1	2	8	3	9	7	4
2	9	4	1	5	7	6	8	3
7	3	8	9	6	4	1	5	2

If you want the rainbow, you gotta put up with the rain.

—Dolly Parton

23

2	3	8	4	5	1	7	6	9
7	4	6	8	2	9	5	3	1
5	9	1	6	7	3	2	4	8
6	5	7	1	8	2	4	9	3
3	1	4	5	9	7	8	2	6
8	2	9	3	4	6	1	5	7
1	8	5	9	6	4	3	7	2
9	7	3	2	1	5	6	8	4
4	6	2	7	3	8	9	1	5

I have yet to see any problem, however complicated, which, when you looked at it in the right way, did not become still more complicated.

—Paul Anderson

24

1	4	8	7	6	3	2	5	9
9	5	7	2	4	8	6	1	3
2	6	3	5	1	9	8	7	4
6	9	5	1	8	2	4	3	7
7	1	2	3	5	4	9	6	8
3	8	4	6	9	7	1	2	5
4	3	1	8	2	5	7	9	6
8	7	6	9	3	1	5	4	2
5	2	9	4	7	6	3	8	1

Very few men know how to kiss well. Fortunately, I've always found the time to teach them.

—Mae West

25

2	8	1	7	4	9	6	5	3
4	6	5	3	1	8	2	7	9
9	7	3	6	5	2	8	1	4
8	5	4	1	2	3	9	6	7
7	3	9	8	6	4	5	2	1
1	2	6	9	7	5	4	3	8
6	9	8	5	3	1	7	4	2
3	4	7	2	8	6	1	9	5
5	1	2	4	9	7	3	8	6

A bookstore is one of the only pieces of evidence we have that people are still thinking.

—Jerry Seinfeld

26

8	1	2	3	9	4	5	7	6
4	9	5	2	7	6	1	3	8
6	3	7	5	1	8	9	2	4
9	5	6	8	2	3	7	4	1
3	8	4	1	5	7	2	6	9
7	2	1	6	4	9	3	8	5
2	7	9	4	6	5	8	1	3
1	6	3	9	8	2	4	5	7
5	4	8	7	3	1	6	9	2

The brain is a wonderful organ. It starts working the moment you get up in the morning and doesn't stop until you get into the office.

—Robert Frost

27

6	8	4	3	7	9	5	2	1
5	9	3	1	4	2	6	7	8
7	2	1	8	6	5	3	4	9
1	5	9	7	2	3	4	8	6
4	7	6	9	5	8	1	3	2
2	3	8	6	1	4	9	5	7
8	6	2	4	3	1	7	9	5
9	4	7	5	8	6	2	1	3
3	1	5	2	9	7	8	6	4

If I could figure out how to make a sequel without making the first movie, I'd do it.

—Joel Silver

28

2	1	9	3	8	4	7	5	6
6	5	4	2	7	1	3	9	8
3	7	8	9	6	5	1	2	4
5	8	3	6	9	7	4	1	2
1	4	6	5	3	2	9	8	7
7	9	2	1	4	8	6	3	5
9	3	5	7	2	6	8	4	1
4	2	7	8	1	3	5	6	9
8	6	1	4	5	9	2	7	3

My theory on housework is, if the item doesn't multiply, smell, catch fire, or block the refrigerator door, let it be.

—Erma Bombeck

29

5	8	1	4	6	2	9	7	3
4	2	9	3	7	8	5	6	1
7	6	3	9	5	1	4	8	2
6	1	7	5	2	4	8	3	9
8	9	4	7	1	3	2	5	6
2	3	5	6	8	9	1	4	7
9	7	8	1	4	6	3	2	5
3	5	2	8	9	7	6	1	4
1	4	6	2	3	5	7	9	8

In every area of human creativity, indifference is the enemy.

—Elie Wiesel

30

2	6	5	9	7	1	4	3	8
8	3	9	2	4	6	7	1	5
4	7	1	8	3	5	6	2	9
7	2	3	4	6	8	5	9	1
6	9	4	5	1	2	3	8	7
1	5	8	7	9	3	2	6	4
9	8	7	6	2	4	1	5	3
3	4	2	1	5	9	8	7	6
5	1	6	3	8	7	9	4	2

The presidency is now a cross between a popularity contest and a high school debate.

—Saul Bellow

31

1	3	7	4	6	5	8	2	9
5	2	9	7	8	1	4	6	3
4	8	6	3	2	9	1	7	5
9	7	8	2	1	6	3	5	4
2	6	5	8	4	3	9	1	7
3	1	4	9	5	7	6	8	2
7	4	1	5	3	8	2	9	6
8	5	2	6	9	4	7	3	1
6	9	3	1	7	2	5	4	8

Lawyers are figures that people are attracted to and repulsed by at the same time.

—Scott Turow

32

4	2	1	3	8	9	5	6	7
6	9	3	5	7	4	8	1	2
5	7	8	2	1	6	9	4	3
2	3	6	4	9	8	7	5	1
9	1	5	6	3	7	2	8	4
7	8	4	1	5	2	6	3	9
1	4	9	7	6	5	3	2	8
3	5	7	8	2	1	4	9	6
8	6	2	9	4	3	1	7	5

The highs in show biz can be dazzling, but ... I would recommend [it] only if you ... have already proven yourself unqualified [to be] a medical test subject.

—Dennis Miller

33

1	3	9	6	8	2	5	4	7
6	4	8	7	5	9	1	2	3
2	5	7	3	4	1	6	8	9
4	9	6	2	1	8	7	3	5
7	8	5	4	6	3	2	9	1
3	1	2	9	7	5	4	6	8
5	2	1	8	3	4	9	7	6
8	7	4	1	9	6	3	5	2
9	6	3	5	2	7	8	1	4

Summer afternoon: To me, those have always been the two most beautiful words in the English language.

—Henry James

34

5	7	3	4	8	9	2	1	6
8	1	6	5	3	2	9	7	4
4	9	2	1	7	6	8	5	3
3	5	8	6	2	7	4	9	1
9	4	7	8	1	3	5	6	2
2	6	1	9	5	4	7	3	8
6	8	4	7	9	1	3	2	5
1	2	9	3	4	5	6	8	7
7	3	5	2	6	8	1	4	9

Sleep is like a drug. Take too much at a time and it makes you dopey. You lose time, vitality, and opportunities.

—Thomas Edison

35

2	3	1	5	7	9	6	8	4
6	5	7	4	8	1	2	9	3
4	8	9	3	6	2	1	7	5
1	2	3	9	5	8	7	4	6
5	9	6	2	4	7	8	3	1
7	4	8	1	3	6	5	2	9
8	7	5	6	9	3	4	1	2
9	6	2	7	1	4	3	5	8
3	1	4	8	2	5	9	6	7

If you pull a heartstring, then that's what country music is.

—Kenny Chesney

36

2	4	1	9	6	5	3	7	8
6	8	5	7	3	4	1	2	9
3	9	7	8	1	2	4	6	5
5	2	4	6	7	9	8	3	1
7	6	3	1	5	8	2	9	4
9	1	8	4	2	3	6	5	7
4	7	2	3	9	1	5	8	6
1	5	6	2	8	7	9	4	3
8	3	9	5	4	6	7	1	2

What separates the talented from the successful is a lot of hard work.

—Stephen King

37

6	1	3	5	9	4	8	2	7
5	7	2	8	3	6	9	1	4
4	9	8	7	2	1	6	3	5
3	5	9	4	8	2	7	6	1
2	6	1	9	7	5	3	4	8
8	4	7	1	6	3	2	5	9
9	3	4	2	5	8	1	7	6
7	2	5	6	1	9	4	8	3
1	8	6	3	4	7	5	9	2

Far too many books rely on the classic formula of a beginning, a middle, and an end.

—Philip Larkin

38

9	2	4	5	7	3	1	6	8
8	1	7	6	9	2	5	4	3
3	5	6	8	4	1	7	9	2
7	3	8	9	2	5	4	1	6
5	6	2	1	8	4	3	7	9
1	4	9	7	3	6	2	8	5
4	9	1	2	5	8	6	3	7
2	8	3	4	6	7	9	5	1
6	7	5	3	1	9	8	2	4

I have a simple philosophy: fill what's empty, empty what's full, and scratch where it itches.

—Alice Roosevelt Longworth

39

6	9	7	5	4	2	1	8	3
4	1	8	9	7	3	6	5	2
2	5	3	6	8	1	4	9	7
1	4	9	7	2	8	3	6	5
5	3	2	1	6	9	8	7	4
8	7	6	3	5	4	9	2	1
9	2	5	4	1	6	7	3	8
7	6	1	8	3	5	2	4	9
3	8	4	2	9	7	5	1	6

How come a slight tax increase costs you $200 when a substantial tax cut saves you 30¢?

—Peg Bracken

40

1	7	6	5	9	3	4	8	2
2	5	3	6	4	8	1	7	9
9	4	8	2	1	7	6	5	3
7	6	9	1	8	5	3	2	4
4	3	1	7	2	6	8	9	5
5	8	2	9	3	4	7	1	6
3	2	7	8	6	9	5	4	1
6	9	5	4	7	1	2	3	8
8	1	4	3	5	2	9	6	7

Imagine what a harmonious world it would be if every single person ... shared a little of what he is good at doing.

—Quincy Jones

41

7	8	4	1	9	2	3	6	5
5	6	1	3	7	4	9	8	2
2	9	3	8	5	6	1	4	7
4	1	8	9	2	5	6	7	3
3	7	2	6	1	8	5	9	4
6	5	9	4	3	7	8	2	1
9	3	6	2	4	1	7	5	8
1	2	7	5	8	9	4	3	6
8	4	5	7	6	3	2	1	9

Charlemagne ... mustered his Franks and set out with relish to assault and pepper the Saracens but ... couldn't catch up.

—Richard Lederer

42

9	7	2	1	6	5	8	3	4
5	3	8	7	4	2	9	1	6
4	6	1	9	3	8	7	2	5
3	1	7	8	9	4	5	6	2
8	2	4	3	5	6	1	9	7
6	9	5	2	1	7	3	4	8
7	8	9	6	2	1	4	5	3
2	4	3	5	8	9	6	7	1
1	5	6	4	7	3	2	8	9

I honestly think it is better to be a failure at something you love than a success at something you hate.

—George Burns

43

2	8	7	5	1	6	4	3	9
1	3	4	9	2	8	7	5	6
6	9	5	3	4	7	1	8	2
4	1	3	8	9	5	2	6	7
5	2	8	7	6	4	3	9	1
7	6	9	1	3	2	8	4	5
3	7	2	4	5	9	6	1	8
8	5	1	6	7	3	9	2	4
9	4	6	2	8	1	5	7	3

The FAA knows every pet is dear to someone. But the government still considers human beings to be excess baggage.

—Art Buchwald

44

5	7	4	1	6	2	8	3	9
9	3	2	7	5	8	6	1	4
8	6	1	4	9	3	7	5	2
4	8	7	9	1	5	3	2	6
1	5	6	2	3	7	9	4	8
3	2	9	6	8	4	1	7	5
2	4	3	8	7	6	5	9	1
6	1	5	3	4	9	2	8	7
7	9	8	5	2	1	4	6	3

It is a good rule in life never to apologize. The right sort of people do not want apologies, and the wrong sort take a mean advantage of them.

—P.G. Wodehouse

45

4	9	7	1	8	5	6	3	2
5	3	1	7	2	6	9	8	4
2	8	6	3	4	9	1	7	5
1	5	3	2	6	8	7	4	9
7	4	8	5	9	3	2	6	1
9	6	2	4	1	7	3	5	8
8	1	9	6	7	4	5	2	3
3	7	4	9	5	2	8	1	6
6	2	5	8	3	1	4	9	7

There are two kinds of light—
the glow that illumines, and the
glare that obscures.

—James Thurber

46

4	2	8	3	6	5	1	7	9
7	1	5	9	8	4	3	2	6
3	9	6	7	1	2	8	4	5
5	4	2	8	3	6	9	1	7
9	8	1	2	5	7	4	6	3
6	7	3	1	4	9	2	5	8
8	5	7	4	2	3	6	9	1
1	6	4	5	9	8	7	3	2
2	3	9	6	7	1	5	8	4

If a girl can't afford expensive
gowns, she can still have a
wonderful dress for three
hundred dollars.

—Ivana Trump

47

6	3	9	7	5	8	4	1	2
5	4	1	6	3	2	8	9	7
7	2	8	1	4	9	5	3	6
2	9	7	4	1	6	3	8	5
3	8	6	9	2	5	7	4	1
4	1	5	3	8	7	2	6	9
8	5	3	2	9	1	6	7	4
1	7	2	8	6	4	9	5	3
9	6	4	5	7	3	1	2	8

Fashion matters considerably
more than horoscopes, rather
more than dog shows, and
slightly more than hockey.

—Roy Blount Jr.

48

1	6	4	2	3	7	9	8	5
5	9	7	8	4	6	3	1	2
8	3	2	5	9	1	7	6	4
4	1	8	9	6	3	5	2	7
6	2	3	7	8	5	4	9	1
9	7	5	4	1	2	6	3	8
3	8	9	1	5	4	2	7	6
7	5	1	6	2	9	8	4	3
2	4	6	3	7	8	1	5	9

Having been unpopular in high
school is not just cause for
book publications.

—Fran Lebowitz

49

8	6	9	7	1	2	3	5	4
5	4	3	6	8	9	7	2	1
1	7	2	3	4	5	6	9	8
2	8	6	5	3	1	4	7	9
4	5	1	9	6	7	8	3	2
3	9	7	8	2	4	1	6	5
6	2	4	1	5	3	9	8	7
9	3	5	4	7	8	2	1	6
7	1	8	2	9	6	5	4	3

A little government and a little luck are necessary in life, but only a fool trusts either of them.

—P.J. O'Rourke

50

4	5	8	3	9	7	2	6	1
9	6	3	2	1	5	4	8	7
7	2	1	4	8	6	3	5	9
2	9	5	7	6	4	8	1	3
1	4	6	5	3	8	7	9	2
3	8	7	1	2	9	5	4	6
6	7	9	8	5	3	1	2	4
8	3	2	6	4	1	9	7	5
5	1	4	9	7	2	6	3	8

If you don't get bruised playing Bond, you're not doing it properly.

—Daniel Craig

51

4	1	3	9	7	5	2	6	8
8	6	5	2	3	4	1	7	9
7	9	2	6	1	8	4	3	5
9	4	8	1	5	3	7	2	6
2	7	1	8	6	9	5	4	3
3	5	6	4	2	7	8	9	1
6	3	7	5	4	1	9	8	2
1	8	4	3	9	2	6	5	7
5	2	9	7	8	6	3	1	4

It had been startling ... to me to find out ... that books were not natural wonders, coming of themselves like grass.

—Eudora Welty

52

2	6	8	1	3	5	9	4	7
1	5	4	8	7	9	2	6	3
7	3	9	6	4	2	8	5	1
8	1	2	7	6	3	4	9	5
5	4	3	9	8	1	7	2	6
6	9	7	5	2	4	3	1	8
4	7	1	3	9	6	5	8	2
9	8	5	2	1	7	6	3	4
3	2	6	4	5	8	1	7	9

For some reason, a lot of Hollywood big shots are curious to see how they'd be drawn with bulging eyes and no chin.

—Matt Groening

53

9	6	2	7	5	8	4	1	3
5	7	4	1	9	3	6	2	8
3	1	8	2	4	6	9	7	5
1	2	9	8	7	4	3	5	6
6	5	7	3	2	9	8	4	1
4	8	3	6	1	5	2	9	7
8	9	1	4	3	7	5	6	2
2	3	5	9	6	1	7	8	4
7	4	6	5	8	2	1	3	9

Men occasionally stumble over the truth, but most ... pick themselves up and hurry off as if nothing ever happened.

—Sir Winston Churchill

54

7	9	3	1	6	4	5	2	8
5	1	6	2	8	9	4	7	3
2	8	4	5	7	3	1	6	9
9	5	8	4	2	6	7	3	1
4	3	1	9	5	7	2	8	6
6	2	7	3	1	8	9	4	5
3	6	2	7	9	5	8	1	4
8	7	9	6	4	1	3	5	2
1	4	5	8	3	2	6	9	7

Just because your voice reaches halfway around the world does not mean you are wiser than when it reached only to the end of the bar.

—Edward R. Murrow

55

7	8	1	6	2	5	3	4	9
3	5	9	4	7	1	8	6	2
6	2	4	3	8	9	1	5	7
4	3	7	2	9	6	5	1	8
2	6	8	5	1	3	7	9	4
9	1	5	7	4	8	6	2	3
5	9	2	1	3	7	4	8	6
8	7	6	9	5	4	2	3	1
1	4	3	8	6	2	9	7	5

We campaign in poetry. But when we're elected, we're forced to govern in prose.

—Mario Cuomo

56

5	8	4	2	1	7	9	6	3
1	7	6	8	3	9	4	2	5
3	2	9	4	6	5	7	8	1
7	3	1	5	8	6	2	4	9
6	9	2	3	7	4	5	1	8
8	4	5	9	2	1	3	7	6
2	5	7	6	9	8	1	3	4
9	1	8	7	4	3	6	5	2
4	6	3	1	5	2	8	9	7

I want a president ... who has the wisdom that comes from failing, falling down, and getting up again.

—Joe Klein

57

8	3	2	7	9	5	6	1	4
4	9	1	2	6	8	7	3	5
6	7	5	4	1	3	8	9	2
2	1	8	6	5	7	3	4	9
9	6	4	8	3	2	1	5	7
3	5	7	9	4	1	2	6	8
7	4	3	1	8	9	5	2	6
5	8	9	3	2	6	4	7	1
1	2	6	5	7	4	9	8	3

Why would anybody stay in Chicago? It's freezing here, and I have a mansion in Montecito that I haven't been able to enjoy.

—Oprah Winfrey

58

1	4	3	6	2	9	8	7	5
9	7	6	5	8	3	4	2	1
8	2	5	4	7	1	9	6	3
3	6	8	7	5	2	1	9	4
4	1	7	3	9	8	2	5	6
2	5	9	1	6	4	3	8	7
6	8	1	9	3	5	7	4	2
5	3	2	8	4	7	6	1	9
7	9	4	2	1	6	5	3	8

Advertising ... is the cheapest way of selling goods, particularly if the goods are worthless.

—Sinclair Lewis

59

3	6	4	1	5	9	8	2	7
1	7	2	4	8	3	5	9	6
5	9	8	2	7	6	3	1	4
4	1	6	3	2	7	9	8	5
7	2	5	8	9	1	4	6	3
9	8	3	5	6	4	2	7	1
6	3	7	9	4	8	1	5	2
2	4	9	6	1	5	7	3	8
8	5	1	7	3	2	6	4	9

Popularity, I have always thought, may be aptly compared to a coquette—the more you woo her, the more apt she is to elude your embrace.

—John Tyler

60

9	8	2	5	7	6	4	3	1
3	7	1	4	9	8	5	6	2
6	5	4	3	2	1	7	9	8
2	4	9	1	6	3	8	5	7
8	1	3	2	5	7	6	4	9
5	6	7	9	8	4	1	2	3
4	3	6	8	1	9	2	7	5
7	2	8	6	3	5	9	1	4
1	9	5	7	4	2	3	8	6

Glory is fleeting, but obscurity is forever.

—Napoleon Bonaparte

61

4	5	3	7	8	1	9	2	6
8	9	2	4	5	6	7	1	3
6	1	7	3	9	2	5	8	4
9	3	1	6	4	5	2	7	8
5	6	4	2	7	8	1	3	9
2	7	8	1	3	9	6	4	5
1	2	5	8	6	4	3	9	7
3	4	9	5	1	7	8	6	2
7	8	6	9	2	3	4	5	1

It is impossible to enjoy idling thoroughly unless one has plenty of work to do.

—Jerome K. Jerome

62

5	6	3	4	2	9	8	1	7
8	4	7	3	1	6	2	9	5
1	9	2	5	7	8	4	3	6
6	7	5	9	8	1	3	2	4
9	3	4	2	6	5	7	8	1
2	1	8	7	4	3	5	6	9
4	2	6	1	3	7	9	5	8
3	8	9	6	5	4	1	7	2
7	5	1	8	9	2	6	4	3

Sometimes I lie awake at night and ask "Where have I gone wrong?" Then a voice says to me, "This is going to take more than one night."

—Charlie Brown

63

2	9	7	1	5	4	3	8	6
6	3	1	8	2	9	7	5	4
4	5	8	6	7	3	2	9	1
9	6	4	3	8	5	1	2	7
3	8	2	4	1	7	5	6	9
1	7	5	2	9	6	8	4	3
7	4	9	5	3	8	6	1	2
8	2	3	9	6	1	4	7	5
5	1	6	7	4	2	9	3	8

We all have the capacity to become emotionally involved with a personality that doesn't exist.

—Berkeley Breathed

64

8	3	7	5	4	1	2	6	9
1	9	4	6	2	3	5	8	7
2	5	6	7	9	8	4	1	3
7	4	9	8	1	5	3	2	6
5	6	2	3	7	9	8	4	1
3	8	1	2	6	4	7	9	5
6	1	8	4	5	7	9	3	2
4	2	5	9	3	6	1	7	8
9	7	3	1	8	2	6	5	4

I have the perfect simplified tax form for our government. Why don't they print our money with a return address on it?

—Bob Hope

65

3	8	5	1	9	4	2	7	6
7	1	4	3	6	2	5	9	8
2	9	6	8	7	5	3	1	4
5	3	2	9	1	6	8	4	7
9	6	8	2	4	7	1	3	5
1	4	7	5	3	8	9	6	2
6	5	1	4	8	3	7	2	9
8	7	3	6	2	9	4	5	1
4	2	9	7	5	1	6	8	3

It's not true that life is one damn thing after another—it's one damn thing over and over.

—Edna St. Vincent Millay

66

3	4	2	8	1	6	5	9	7
9	7	1	2	5	3	8	4	6
8	5	6	9	7	4	3	2	1
2	6	5	3	4	7	1	8	9
7	3	4	1	8	9	6	5	2
1	8	9	6	2	5	7	3	4
5	1	7	4	3	2	9	6	8
6	2	8	5	9	1	4	7	3
4	9	3	7	6	8	2	1	5

Hollywood is a place where they place you under contract instead of under observation.

—Walter Winchell

67

3	8	5	2	7	4	9	6	1
1	6	2	3	9	5	8	4	7
7	4	9	8	1	6	3	5	2
9	5	1	4	3	7	2	8	6
8	3	4	6	2	9	1	7	5
2	7	6	1	5	8	4	3	9
6	1	3	5	4	2	7	9	8
4	9	8	7	6	1	5	2	3
5	2	7	9	8	3	6	1	4

The man who goes alone can start today, but he who travels with another must wait till that other is ready.

—Henry David Thoreau

68

7	9	8	1	6	4	2	3	5
5	3	6	8	7	2	4	9	1
4	2	1	3	9	5	7	8	6
1	6	5	7	4	8	9	2	3
2	7	4	6	3	9	1	5	8
3	8	9	2	5	1	6	7	4
9	5	2	4	1	3	8	6	7
8	4	7	5	2	6	3	1	9
6	1	3	9	8	7	5	4	2

Wooing the press is an exercise roughly akin to picnicking with a tiger. You might enjoy the meal, but the tiger always eats last.

—Maureen Dowd

69

9	8	4	5	3	7	6	1	2
6	5	1	9	2	4	3	7	8
2	3	7	6	1	8	5	4	9
1	2	3	7	4	9	8	5	6
5	7	8	3	6	2	4	9	1
4	9	6	1	8	5	7	2	3
7	1	2	8	5	6	9	3	4
8	4	5	2	9	3	1	6	7
3	6	9	4	7	1	2	8	5

New Rule: What gets on TV has to be at least as interesting as what's on the average security monitor at a convenience store.

—Bill Maher

70

2	4	6	1	8	3	5	7	9
5	7	8	9	2	6	1	4	3
1	3	9	4	7	5	2	6	8
7	8	5	3	9	1	4	2	6
6	2	4	7	5	8	9	3	1
9	1	3	2	6	4	7	8	5
4	9	1	8	3	7	6	5	2
8	6	2	5	4	9	3	1	7
3	5	7	6	1	2	8	9	4

I've learned that people will forget what you said, people will forget what you did, but people will never forget how you made them feel.

—Maya Angelou

71

5	7	8	6	2	1	9	3	4
6	9	3	4	7	8	5	2	1
2	4	1	9	5	3	6	8	7
7	3	6	5	8	4	1	9	2
9	8	5	1	3	2	7	4	6
4	1	2	7	6	9	8	5	3
3	6	7	8	4	5	2	1	9
8	2	9	3	1	6	4	7	5
1	5	4	2	9	7	3	6	8

A golf course is nothing but a poolroom moved outdoors.

—Father Fitzgibbon
in "Going My Way"

72

2	6	5	9	3	8	4	7	1
7	8	1	6	4	5	9	2	3
3	4	9	2	7	1	6	5	8
1	9	6	8	5	7	3	4	2
5	3	7	4	2	6	8	1	9
8	2	4	1	9	3	5	6	7
6	5	2	7	8	9	1	3	4
4	1	8	3	6	2	7	9	5
9	7	3	5	1	4	2	8	6

"Common sense" is the set of prejudices acquired by age eighteen.

—Albert Einstein

73

1	8	5	7	2	6	4	9	3
3	2	6	4	8	9	7	1	5
9	4	7	3	5	1	8	2	6
7	1	4	8	3	5	9	6	2
6	9	8	2	1	4	5	3	7
5	3	2	6	9	7	1	4	8
8	5	3	9	4	2	6	7	1
2	7	9	1	6	8	3	5	4
4	6	1	5	7	3	2	8	9

I was walking down the street wearing glasses when my prescription ran out.

—Steven Wright

74

8	6	4	2	5	3	7	9	1
7	2	9	6	4	1	5	8	3
3	1	5	8	9	7	6	2	4
5	4	8	7	3	9	1	6	2
2	9	3	4	1	6	8	5	7
6	7	1	5	2	8	4	3	9
4	8	6	3	7	2	9	1	5
9	3	7	1	8	5	2	4	6
1	5	2	9	6	4	3	7	8

It's about ninety percent strength and forty percent technique.

—wrist-wrestling champ
Johnny Walker

75

7	9	5	2	3	1	8	4	6
3	1	4	6	7	8	5	9	2
6	2	8	4	9	5	1	7	3
5	4	3	8	1	7	2	6	9
8	6	1	9	2	4	7	3	5
2	7	9	3	5	6	4	8	1
9	5	2	7	4	3	6	1	8
1	8	7	5	6	9	3	2	4
4	3	6	1	8	2	9	5	7

It is curious how much more interest can be evoked by a mixture of gossip, romance, and mystery than by facts.

—Eleanor Roosevelt

76

7	9	1	3	6	8	5	2	4
6	3	8	4	5	2	9	7	1
4	2	5	1	9	7	6	8	3
1	7	2	9	4	6	8	3	5
8	4	3	2	7	5	1	6	9
5	6	9	8	3	1	2	4	7
9	8	7	6	1	3	4	5	2
3	1	6	5	2	4	7	9	8
2	5	4	7	8	9	3	1	6

Never slap a man who chews tobacco.

—Willard Scott

77

8	1	4	9	5	2	7	3	6
3	9	2	4	7	6	8	1	5
6	7	5	3	1	8	4	9	2
7	4	6	2	8	1	9	5	3
1	5	3	6	9	7	2	4	8
9	2	8	5	4	3	1	6	7
5	6	1	7	2	9	3	8	4
4	8	7	1	3	5	6	2	9
2	3	9	8	6	4	5	7	1

Skiing combines outdoor fun with knocking down trees with your face.

—Dave Barry

78

1	8	3	4	6	2	5	7	9
7	2	4	8	5	9	1	3	6
9	5	6	3	1	7	2	8	4
5	9	2	1	3	6	8	4	7
3	1	7	9	4	8	6	2	5
6	4	8	2	7	5	9	1	3
2	6	1	7	9	4	3	5	8
4	3	5	6	8	1	7	9	2
8	7	9	5	2	3	4	6	1

Egotist: A person more interested in himself than in me.

—Ambrose Bierce

79

2	3	8	1	5	6	9	7	4
7	1	5	8	4	9	2	6	3
9	6	4	2	7	3	8	1	5
8	4	6	7	9	5	3	2	1
1	5	9	3	2	4	6	8	7
3	7	2	6	8	1	5	4	9
6	9	7	5	1	8	4	3	2
5	8	1	4	3	2	7	9	6
4	2	3	9	6	7	1	5	8

In Hollywood, a marriage is successful if it outlasts milk.

—Rita Rudner

80

9	6	4	2	5	3	1	8	7
3	2	5	7	1	8	4	6	9
8	1	7	6	4	9	5	3	2
6	7	8	3	9	4	2	5	1
4	3	1	5	8	2	7	9	6
5	9	2	1	6	7	3	4	8
2	5	3	9	7	6	8	1	4
1	4	9	8	2	5	6	7	3
7	8	6	4	3	1	9	2	5

My father's ... allergic to cotton. He has pills he can take, but he can't get them out of the bottle.

—Brian Kiley

81

6	2	1	9	7	4	3	5	8
8	3	4	1	5	6	2	7	9
7	5	9	3	8	2	1	6	4
3	6	7	8	1	5	4	9	2
9	8	2	7	4	3	6	1	5
4	1	5	6	2	9	8	3	7
2	7	6	4	9	1	5	8	3
1	4	8	5	3	7	9	2	6
5	9	3	2	6	8	7	4	1

To succeed in the world it is not enough to be stupid, you must also be well-mannered.

—Voltaire

82

4	3	1	2	6	8	5	9	7
7	8	2	9	4	5	3	6	1
9	6	5	3	7	1	2	4	8
1	4	6	7	5	2	9	8	3
2	7	3	8	9	6	1	5	4
5	9	8	4	1	3	6	7	2
3	5	7	1	8	9	4	2	6
6	2	4	5	3	7	8	1	9
8	1	9	6	2	4	7	3	5

If hypocrisy were gold, the Capitol would be Fort Knox.

—John McCain

83

8	1	6	5	2	9	4	7	3
3	4	2	1	8	7	6	5	9
7	9	5	4	3	6	1	2	8
2	7	3	6	9	4	8	1	5
4	8	9	3	5	1	2	6	7
6	5	1	2	7	8	3	9	4
9	3	8	7	6	2	5	4	1
1	6	7	8	4	5	9	3	2
5	2	4	9	1	3	7	8	6

The length of a film should be directly related to the endurance of the human bladder.

—Alfred Hitchcock

84

5	2	6	7	4	1	8	3	9
8	7	3	5	9	6	2	1	4
9	1	4	2	8	3	6	7	5
7	9	1	4	6	5	3	2	8
3	5	2	9	1	8	7	4	6
4	6	8	3	2	7	5	9	1
1	3	9	8	5	2	4	6	7
6	8	7	1	3	4	9	5	2
2	4	5	6	7	9	1	8	3

The cookbooks tell you how to prepare the food, and the diet books tell you how not to eat any of it.

—Andy Rooney

85

9	1	4	6	7	2	3	8	5
6	2	7	8	3	5	4	1	9
5	3	8	9	4	1	7	6	2
8	4	3	1	9	6	2	5	7
7	9	2	4	5	8	6	3	1
1	6	5	3	2	7	8	9	4
2	7	9	5	6	3	1	4	8
3	5	1	2	8	4	9	7	6
4	8	6	7	1	9	5	2	3

It's the friends you can call up at four A.M. who matter.

—Marlene Dietrich

86

1	7	4	8	6	9	2	3	5
3	6	5	1	7	2	4	8	9
8	9	2	4	3	5	1	7	6
9	3	1	2	5	7	6	4	8
5	2	8	6	9	4	7	1	3
6	4	7	3	1	8	9	5	2
7	1	9	5	8	6	3	2	4
4	8	3	9	2	1	5	6	7
2	5	6	7	4	3	8	9	1

Never hit a man with glasses. Hit him with something bigger and heavier.

—Anonymous

87

9	3	8	7	6	5	4	1	2
2	6	5	8	4	1	9	7	3
4	1	7	2	3	9	8	5	6
5	7	9	1	8	6	2	3	4
1	8	2	3	9	4	5	6	7
6	4	3	5	7	2	1	8	9
3	2	1	9	5	7	6	4	8
8	9	6	4	1	3	7	2	5
7	5	4	6	2	8	3	9	1

It is always dangerous to reason from insufficient data.

—Sir Arthur Conan Doyle

88

9	3	2	5	4	7	1	6	8
6	4	5	8	1	2	7	9	3
8	7	1	6	3	9	5	4	2
4	5	6	2	9	8	3	7	1
7	2	3	1	5	6	4	8	9
1	9	8	3	7	4	6	2	5
3	6	7	9	8	5	2	1	4
5	8	4	7	2	1	9	3	6
2	1	9	4	6	3	8	5	7

A man's home may seem to be a castle on the outside; inside, it's often his nursery.

—Clare Boothe Luce

89

2	6	9	5	3	1	7	8	4
4	8	1	7	2	6	3	9	5
5	3	7	9	4	8	1	2	6
9	5	3	1	8	4	6	7	2
1	2	6	3	7	5	8	4	9
7	4	8	6	9	2	5	3	1
8	1	2	4	6	7	9	5	3
3	7	5	2	1	9	4	6	8
6	9	4	8	5	3	2	1	7

It isn't pollution that's harming the environment. It's the impurities in our air and water that are doing it.

—Dan Quayle

90

1	7	2	8	5	9	4	6	3
5	9	6	4	3	2	1	8	7
8	3	4	6	1	7	5	9	2
9	6	5	3	8	4	7	2	1
7	4	3	2	9	1	8	5	6
2	8	1	5	7	6	9	3	4
3	1	9	7	6	5	2	4	8
4	5	8	1	2	3	6	7	9
6	2	7	9	4	8	3	1	5

I may be a living legend, but that sure don't help when I've got to change a flat tire.

—Roy Orbison

91

9	4	7	5	6	3	2	8	1
1	6	8	9	7	2	4	5	3
5	3	2	8	4	1	6	9	7
4	9	3	2	5	8	7	1	6
8	1	6	4	3	7	9	2	5
2	7	5	1	9	6	3	4	8
3	8	4	7	1	9	5	6	2
7	2	9	6	8	5	1	3	4
6	5	1	3	2	4	8	7	9

Somebody said to me, "But the Beatles were antimaterialistic." That's a huge myth. John and I literally used to sit down and say, "Now let's write a swimming pool."

—Paul McCartney

92

3	6	4	8	1	7	2	9	5
2	7	8	3	5	9	6	4	1
9	1	5	2	4	6	8	7	3
7	8	1	4	9	3	5	6	2
6	4	3	5	2	8	7	1	9
5	9	2	6	7	1	4	3	8
1	3	6	7	8	5	9	2	4
8	2	7	9	3	4	1	5	6
4	5	9	1	6	2	3	8	7

Someone's sitting in the shade today, because someone planted a tree a long time ago.

—Warren Buffett

93

1	9	3	2	6	7	8	4	5
5	2	6	3	4	8	9	1	7
4	7	8	5	1	9	6	3	2
8	6	1	4	2	5	3	7	9
7	3	4	8	9	6	5	2	1
2	5	9	7	3	1	4	6	8
9	1	2	6	8	4	7	5	3
3	4	5	9	7	2	1	8	6
6	8	7	1	5	3	2	9	4

This is the first age that's paid much attention to the future, which is a little ironic since we may not have one.

—Arthur C. Clarke

94

1	8	4	3	5	9	7	6	2
6	9	7	1	8	2	5	4	3
3	2	5	4	6	7	8	9	1
2	7	3	8	9	1	4	5	6
4	5	1	2	7	6	3	8	9
9	6	8	5	4	3	1	2	7
8	3	6	9	1	5	2	7	4
5	1	9	7	2	4	6	3	8
7	4	2	6	3	8	9	1	5

The husband who wants a perfect marriage should learn how to keep his mouth shut and his checkbook open.

—Groucho Marx

95

8	2	5	4	7	1	9	3	6
3	1	9	5	2	6	8	4	7
4	7	6	8	3	9	5	2	1
2	3	7	9	6	8	4	1	5
6	8	1	3	4	5	7	9	2
9	5	4	2	1	7	3	6	8
7	4	8	6	9	2	1	5	3
1	6	3	7	5	4	2	8	9
5	9	2	1	8	3	6	7	4

Anyone who wants to wear a thong should have to go through an application process.

—Bill Engvall

96

8	7	6	5	4	2	3	9	1
3	4	5	1	6	9	7	2	8
2	9	1	3	8	7	4	6	5
9	8	4	7	2	1	6	5	3
1	3	7	4	5	6	2	8	9
6	5	2	8	9	3	1	7	4
7	2	8	9	3	4	5	1	6
4	1	9	6	7	5	8	3	2
5	6	3	2	1	8	9	4	7

The best car safety device is a rear-view mirror with a cop in it.

—Dudley Moore

97

6	2	7	8	5	9	1	4	3
8	1	5	3	6	4	2	7	9
3	9	4	2	7	1	5	6	8
2	8	9	6	4	3	7	5	1
7	6	1	5	2	8	3	9	4
4	5	3	9	1	7	8	2	6
5	4	8	1	9	2	6	3	7
1	7	2	4	3	6	9	8	5
9	3	6	7	8	5	4	1	2

Fatherhood is pretending the present you love most is soap-on-a-rope.

—Bill Cosby

98

9	4	2	1	3	8	5	7	6
3	5	8	6	7	4	2	1	9
6	7	1	2	9	5	8	4	3
2	6	4	9	5	7	1	3	8
8	9	5	4	1	3	7	6	2
1	3	7	8	2	6	9	5	4
5	1	9	3	6	2	4	8	7
4	2	3	7	8	1	6	9	5
7	8	6	5	4	9	3	2	1

I used to be a heavy gambler. Now I just make mental bets. That's how I lost my mind.

—Steve Allen

99

1	5	9	7	4	2	8	3	6
4	2	6	8	9	3	1	5	7
3	8	7	1	6	5	4	9	2
2	6	3	4	5	7	9	8	1
9	7	4	3	1	8	6	2	5
5	1	8	6	2	9	7	4	3
6	4	5	9	3	1	2	7	8
7	3	1	2	8	4	5	6	9
8	9	2	5	7	6	3	1	4

Everything I know about the world I learned from crossword puzzles.

—Dean Olsher